한남새

한남새

박미자 수필집

수필과비평사

| 작가의 말 |

  오래도록 일기를 써왔다. 초등학교 때부터 결혼 전까지 썼다. 기쁜 일보다는 힘들고 슬플 때 그날의 일을 누구에게 털어놓듯 적었다.
  결혼 전 물건을 정리하다 지난 일을 되새기고 싶지 않아 일기장을 태워버렸다. 작가가 될 것이라 예측하지 못했다. 새로 마련한 노트엔 평범한 일상과 새 생명에 대한 설렘을 기록해 나갔다. 아이들이 성장함에 따라 시간적 여유가 있어 라디오에 글을 써 보냈다. 사연이 소개되고 상품을 타는 재미에 틈날 때마다 끼적였다.
  붓글씨를 배우러 간 도서관에서 문예 창작을 접하게 되었다. 그곳에서 문우들을 만나 글의 매력에 빠져들었다. 글쌈 동아리에서 선배 작가들의 말씀을 들으며 치열하게 합평하며 문학의 꿈을 키웠다. 오랜 시간 습작만 하다 실력을 가늠하고 싶어 작품을 응모한 결과 당선의 영광을 안았다.
  글을 정리하며 지나간 일이 떠올라 가슴이 저렸다. 지금껏 수필집을 엮어내지 못한 이유이기도 하다. 엄마의 부재로 겪어야 했던 아픔, 힘든 가정 형편으로 배움의 길을 돌아서 온 점, 믿고 의지해야 할 남편이 평생 돌봐야 하는 사람이 되어 있는 현실을 감추고 싶었다.

감당하기 힘든 현실과 마주했을 때 "그럴수록 글을 써야죠."라며 용기를 준 문우들이 있었기에 살얼음판을 딛고 선 현실에서도 문학을 포기할 수 없었다.

내 문학의 발로는 아버지로부터 시작되었다. 정서적 자양분을 채워준 아버지와 알뜰히 챙기고 거둬준 언니가 있었기에 곧게 성장할 수 있었다. 오늘의 나를 있게 한 아버지와 언니에게 이 수필집을 바친다.

2022. 겨울에
박미자

| 차례 |

| 작가의 말 |

1부

밑불

까끄라기 __ 12
청솔가지 __ 17
밑불 __ 21
영화에 빠지다 __ 26
추억의 책장을 넘기며 __ 30
자전거 __ 35
바람떡 __ 40
어떤 사표 __ 44

2부

소라게

선물 __ 50
석수장이 __ 54
선생님 전성시대 __ 58
노루 발자국 __ 62
야생화를 닮은 __ 67
광장에서 __ 72
가면 __ 77
특별한 하루 __ 82
소라게 __ 86

3부

어부가

한남새 __ 92
어부가 __ 97
숫돌 __ 102
대바늘뜨기 __ 106
재봉틀 __ 111
열쇠 __ 115
감나무 __ 119
해후邂逅 __ 124

4부

불빛

담 __ 130
모감주나무 __ 135
이웃 __ 139
거주자 우선주차제 __ 143
'고객님! 사랑합니다' __ 147
틈 __ 151
윷놀이 __ 155
또 다른 가족 __ 159
불빛 __ 164

5부

내 안의 뜰

길 위의 사진첩 __ 170
수선집 __ 174
쭉정이 __ 178
쿠폰 __ 182
팬데믹을 건너며 __ 187
움트다 __ 191
내 안의 뜰 __ 196
공원에서 길을 찾다 __ 201

|**작품해설**| 일상 속에서 빛을 찾다 / 배혜숙(수필가) __ 210

1.
밑불

까끄라기

　　버스를 타고 가다 차창 밖으로 넘실대는 보리밭을 보면 생동감이 넘친다. 바람이 불면 스르르 눕다가 다시 일어서는 녹색의 향연! 도심에 지친 눈을 식혀 주기에 부족함이 없다.
　　보리밭을 아무런 부담 없이 바라볼 수 있는 게 얼마만인가. 내 기억 속의 보리는 떼어내려 해도 떨어지지 않는 까끄라기처럼 딱 달라붙어 있다.
　　아버지는 보릿고개란 말을 달고 사셨다. 반찬 투정할 때면 어김없이 그 보릿고개 이야기가 빠지지 않았다. 흉년에 사람들이 먹을 것이 없어 송기나 쑥으로 죽을 쑤어 먹었고, 얼굴이 붓고 누렇게 뜬 큰아버지를 살린 것은 논을 팔아 마련한 곡식 한 말이었다. 너희들은 배가 불러서 반찬 투정을 하느냐는 등 말씀은 끝없이 이어졌다. 우리 형제들은 이런 말을 듣고 싶지 않아 반찬 투정하면 서로 눈치를 주었다.

　아버지는 곡식에 대한 애착이 강해서인지 보리를 많이 심었다. 산을 개간하여 만든 밭은 오르내리기가 힘들었다. 보리가 누렇게 익으면 베어서 단으로 묶어 집으로 조금씩 날랐다. 볕 좋은 날은 보릿단을 가지런히 세워 말리고 알갱이가 가슬가슬해지면 한곳에 쌓아 탈곡할 준비를 했다.

　아버지는 보리타작하는 날이면 단잠에 빠진 우리를 일찍 깨웠다. 오빠는 보릿단을 탈곡기에 넣고, 큰언니는 탈곡한 보리를 자루에 담고, 작은언니는 집에서 아침밥을 하고, 나는 탈곡한 빈 보릿단을 다른 곳으로 날랐다.

　와랑와랑와랑~~~ 탈곡기 돌아가는 소리는 동네에 활기를 불어넣었다. 내가 꾀를 부리면 아버지의 불호령이 떨어졌고 빈 보릿단은 산처럼 쌓여갔다.

　탈곡기 소음에 가려 묵묵히 일하다 문득 서로의 얼굴을 쳐다보면 웃음이 나왔다. 밀가루를 뒤집어쓴 듯한 얼굴과 검불이 달라붙은 머리는 낯선 사람 같았다.

　아침 해가 바다를 온통 집어삼킬 듯 붉게 물들이면 굴뚝에선 연기가 피어올랐다. 뱃속에선 꼬르륵 꼬르륵 요동치고 다리도 후들거렸다. 눈꺼풀은 자꾸만 감겨 그대로 쓰러질 것 같은데 아버지의 외침 소리는 정신을 번쩍 들게 했다. 우리가 젖 먹던 힘까지 보태어 겨우 일을 마치면, 입은 바싹 달라붙어 아무 말도 하기 싫어졌다.

밥을 깨작깨작 먹는 여느 날과는 달리 그날은 게 눈 감추듯 먹어 치웠다. 서둘러 학교에 가야 해서 목욕하는 건 꿈도 꾸지 못했다. 수업 시간 내내 등에서 까끌거리는 감촉 때문에 집중이 되지 않았다. 옷을 홀랑 뒤집어 보리까끄라기를 떼어낼 수 있다면 좋으련만 남녀 합반이라 그렇게 하지 못했다. 학교가 파하면 집으로 한달음에 달려와 옷을 뒤집어 털어보지만, 보리까끄라기는 눈에 잘 띄지 않았다. 콕콕 찌르던 감촉은 오래도록 따라다니며 도약하라 등을 떠밀었다.

오빠는 곧잘 매끄러운 보릿대로 여치 집을 만들어 주었다. 그것을 기둥에 걸어두고 보리피리를 만들어 누가 더 소리를 크게 낼 수 있는지 내기도 했다. 삐이삐이~ 서로 더 크게 불겠다고 볼에 가득 바람을 넣어도 오빠의 소리를 따라갈 수 없었다. 또 바닥엔 보릿단을 푹신하게 깔고 꼭대기 부분은 하늘을 볼 수 있도록 해 비밀 장소도 만들었다. 그곳에 누워 흘러가는 구름을 눈이 시리도록 쳐다보다 깜박 잠이 들기도 했다.

아버지가 퇴근해 집에 오시기 전에 흩어진 보릿단은 가지런히 쌓았다. 그것은 여름날 밀서리 해서 먹을 때 불쏘시개로 요긴하게 이용되었다.

 탈곡한 보리는 멍석에 펼쳐서 바람에 지푸라기는 날려 보내고 알곡만 남게 했다. 이것을 우리 동네에선 '우캐지우기'라 했다. 이 일이 끝나면 볕 좋은 날에 보리를 말렸다. 보통 일요일을 택해서 말리는데, 그때마다 나에게 꼼짝없이 그 곁을 지키는 숙제가 내려졌다. 그것은 개들이 멍석 안으로 들어와 변을 누는 일을 막기 위함도 있고, 한낮이 되면 발로 한 번 저어 주어야 하기 때문이다. 이렇게 말리기를 반복하고 나면 야문 보리는 정미소에서 찧어와 밥상에 올랐다.

 지금은 보리밥이 건강식으로 자리매김했지만 보리밥을 주식으로 살아온 세대들의 기억 속에는 떨쳐버리기 힘든 까끄라기가 하나 박혀 있지 않을까. 아이들에게 지난 시절 이야기를 들려주면 몸소 경험하지 않아 그런지 잘 이해하지 못한다. 내가 아버지에게서 그렇게 듣기 싫어했던 말을 아이들에게 하는 걸 본다면 아버지는 어떤 표정을 지으실까.

 풍족한 삶이 꼭 행복으로 이어지지 않듯 아무 탈 없이 지내던 가정에도 시련은 있기 마련이다. 그럴 때마다 나를 바로 세우는 것은 보리까끄라기이다. 나에게 닥친 일이 처음엔 견딜 수 없을 만큼 콕콕 찌르다가도 시간이 지나면 점점 무뎌진다. 이처럼 지금 아프고 힘든 고통도 언젠가는 지나고 푸르른 날이 올 것이다.

  끝없이 펼쳐진 보리밭! 그 들판에 서면 타작하던 그날의 외침 소리가 들리는 듯하다.

청솔가지

겨울이 끝날 무렵, 건조한 날씨로 인해 산불이 전국적으로 번지고 있다는 뉴스다. 진화 작업이 마무리되어 간다는 소식도 잠시, 불씨가 되살아나 산으로 급속히 번졌다. 소방차들이 불이 난 산으로 모여들고 하늘에는 소방헬기가 쉴 새 없이 물을 퍼 날랐다. 한 곳이 진화되면 또 다른 지역에 불이 나는 것을 보니 누군가 고의로 불을 지른 것이 아닌가 하는 의구심마저 들었다.

화마가 할퀴고 간 자리는 처참했다. 대대로 지켜온 보금자리가 하루아침에 잿더미로 내려앉았다. 불조심은 예나 지금이나 아무리 강조해도 지나침이 없다. 어린 시절 학교에서는 불조심 표어를 해마다 만들었던 기억이 난다. "자나 깨나 불조심", "꺼진 불도 다시 보자"라는 구호는 아직도 머릿속을 맴돈다.

고향 동네에서는 밭둑을 태우는 일이 종종 있었다. 우리 집도 예외는 아니었다. 하루는 아버지가 어두컴컴해서야 허둥지둥 집으로 오셨다. 그런 모습을 한 번도 본 적이 없는데 무언가 심각한 일이 벌어졌다는 걸 직감했다. 산을 개간하여 만든 밭둑에 마른 잡초를 태우다 불이 산으로 번져 겨우 끄고 내려왔다고 했다. 다음 날 새벽같이 식구들이 동원되어 밭으로 향했다. 자칫 산림 순찰원에게 발각되어 벌금이 매겨질까 봐 불탄 자리는 풀을 베어 올려두었다. 가족 모두 가슴을 쓸어내렸다.

그 일이 있고 얼마 지나지 않아 우연인지 몰라도 산을 개간하여 취득한 밭은 나라에서 고스란히 거두어 갔다. 개간한 땅은 토질이 좋아 작물이 잘되었다. 특히 고구마를 심으면 맛있는 타박 고구마가 되었는데 아쉬움이 컸다. 서너 마지기가 넘는 밭을 하루아침에 잃은 아버지는 담배를 태우는 횟수가 늘어났다. 긴 한숨을 섞어 내뿜는 연기는 어린 마음에도 무게가 느껴졌다.

그 시절 나라에서는 정책적으로 나무를 심었다. 식목일이 되면 무조건 한 집에 한 명씩 부역을 나가 나무 심기 사업에 참여했다. 그 일은 대개 오빠가 맡았다. 묵직한 묘목을 들고 산을 오르내리며 할당량을 채웠다. 나무의 수종이 무엇인지 몰라도 마을 단위로 나무 심기는 오래도록 지속되었다. 그래서일까 시간이 갈수록 산은 푸르러져 갔다.

1970년대 시골은 거의 가마솥에 불을 때 밥을 지어 먹었다. 불쏘시개로 사용할 낙엽과 알맞게 자란 나무, 장작이 꼭 필요했다. 낙엽은 아이들이 뒷산에서 긁어오고, 아버지는 아까시나무를 알맞게 말린 후 잘라 부엌에 넣어 주었다. 장작은 겨울 방학이 되면 오빠의 몫으로 정해졌다. 어떤 일이 있어도 장작을 패 뒷담에 차곡차곡 쌓아놓아야 했다. 아버지의 특명이었다.

겨울나기 땔감 마련은 혹독한 추위만큼 매서웠다. 산림 순찰원들이 쌓아놓은 장작을 찾으려고 온 동네를 뒤졌다. 그런 날을 대비하여 우리 집은 장작을 뒷담과 집 사이 공간에 차곡차곡 쌓아두고 이엉으로 덮었다. 그 위에는 바람에 날아가지 않게 큼직한 돌로 눌러 두었다. 만일의 경우를 대비한 술책이었다. 산림 순찰원이 떴다는 소문이 들리면 너 나 할 것 없이 혼비백산하여 동네가 들썩였다.

공식적으로 나무를 해도 되는 날이 있었다. 청솔가지를 치는 날이었다. 소나무를 곧게 키우기 위한 수단으로 해마다 날을 잡아 허가를 내주었다. 가지치기를 하는 곳은 동네에서 한참 떨어진 곳에 있어서 가지치기를 한 청솔가지를 가져오기 위해서는 손수레를 가지고 먼 거리까지 이동해야 했다. 아침 일찍 떠난 오빠도 저녁이 다 되어서야 집으로 돌아왔다.

청솔가지는 겨울을 나기 위해 꼭 필요했지만, 막힌 구들을 뚫는 역할도 했다. 청솔가지를 아궁이에서 최대한 멀리 밀어 넣으면 해묵은 그을음을 털어내기 때문에 굴뚝으로 연기가 잘 빠져 따뜻한 겨울을 날 수 있었다. 가마솥에 물을 붓고 불을 지펴 어느 정도 불길이 일면 그 위에 청솔가지를 얹었다. 처음엔 연기만 피우다가 한순간에 불이 확 붙는다. 타닥타닥 타는 장작과는 달리, 청솔가지는 활활 활활~~ 섬뜩하리만치 강한 불길을 내보인다.

산불이 번져 나가는 모습을 보자 활활 집어삼킬 듯한 무서운 불길이 순식간에 떠올랐다. 땔감을 사용하지 않으면 불에서 벗어난다고 생각한 것은 오산이었다. 겨울 가뭄으로 산불이 번져 아름드리나무가 맥없이 쓰러진다.

청솔가지가 서서히 불이 일어 타오르듯, 나무를 사랑하는 마음도 거센 불길처럼 타올랐으면 하는 바람이다.

밑불

뜨끈뜨끈함이 그리워지는 계절이다. 이맘때가 되면 옛 기억이 스멀스멀 올라온다.

고등학생이 되어 도회지로 첫발을 디딘 후 생소했던 건 부엌이었다. 나무로 불을 지펴 가마솥에 밥을 지어 먹던 시골 살림과 달리, 연탄이라는 새로운 문화를 접하게 되었다. 그것은 아무 준비도 없이 닥친 현실이었다.

한 번도 연탄을 피워본 적 없었던 나는 옆집 아주머니의 도움을 받았다. 다 태워진 연탄을 화덕 아래에 깔고 번개탄에 불을 붙여 연탄을 올려두면 서서히 불이 붙었다. 그런데 순조로워야 할 연탄불은 야속하게도 자주 꺼졌다. 비가 오는 날은 눅눅한 기운이 더해져 불이 빨리 올라오지 않았다. 깜박하고 친구와 놀다 집에 늦게 오는 날이면 연탄은 가물가물 꺼져가고 있었다.

내가 세 들어 살던 곳은 본채와 아래채가 구분된 집이었다. 난 아래채에 살았다. 본채에 사는 주인집에는 손자가 있었다. 같이 사는 것은 아니었으나 할머니 집에서 거의 살다시피 하며 대청마루에 팝송을 크게 틀어 놓곤 했다. 내 방 창문에서 보면 마루가 훤히 보였다. 집에 가지 않은 휴일에는 팝송을 틀어 놓고 노래를 중얼거리는 아이의 행동을 유심히 바라보곤 했다.

겨울비가 부슬부슬 오던 어느 날이었다. 외출에서 돌아와 몸이 솜처럼 무거워 따뜻한 방에 얼른 누워야겠다고 생각했다. 그런데 연탄불은 꺼져 있었다. 번개탄을 사러 가는 것도 힘에 부쳤다. 그때 주인집 손자가 부엌 앞에 서서 그 모습을 보고는 잠시 기다리라며 어디론가 사라졌다. 조금 후 활활 타오르는 연탄을 들고 왔다. 그 아이는 어떻게 알았는지 연탄불이 꺼져 있을 때마다 알맞게 붙은 밑불을 들고 나타났다. 정말 고마웠다.

그 인연으로 할머니네 대청마루에 걸터앉아 팝송을 같이 듣기도 하고 고마움의 표시로 붕어빵을 사 주기도 했다. 연탄불 피우기에 익숙해져 가던 그곳에서의 생활은 좀도둑이 들고 나서 막을 내렸다. 가난한 자취방에 무에 그리 가져갈 것이 많다고…. 도둑이 든 자리에 사는 것이 왠지 꺼림칙하여 얼마 지나지 않아 이사하고 말았다.

　연탄에 대한 가물가물한 기억을 더듬어 가면 죽음의 문턱과 닿아 있다. 친구네 방은 내가 자취를 하던 방과 거의 맞먹는 크기였다. 그 방에서 부모님과 오빠, 동생들이 함께 생활해서 고등학생인 친구는 불편이 이만저만이 아니었다. 연탄배달 일로 새벽부터 밤늦게까지 바쁜 부모님을 대신해 친구가 집안 살림을 도맡아 했다. 나는 그때까지도 직접 음식을 해본 기억이 없을뿐더러 반찬은 대부분 집에서 해 주는 것을 먹었다. 그랬기에 음식을 뚝딱뚝딱 만드는 친구가 대단해 보였다. 우리는 조금씩 친해지면서 함께 있는 시간이 늘었고 복잡한 방을 피해 내 방에서 잠을 자는 날이 많아졌다.

　하루는 친구가 떡볶이를 만들어 준다며 재료를 사 왔다. 연탄불이 알맞게 올라와 음식을 만들기에 안성맞춤이라며 신나게 요리했다. 난 처음 보는 떡볶이가 신기하여 호기심 어린 눈으로 바라보았다. 우리는 떡볶이를 실컷 먹고 이야기꽃을 피우다 방에 나란히 누웠다.

　얼마의 시간이 지났을까. 뭔가 답답한 느낌이 들어 눈을 떴다. 그런데 몸이 움직여지지 않았다.

　"야, 와 이래 몸이 말을 안 듣노."

　나의 신음을 듣고 친구도 잠에서 깨어났다.

"우린 이제 꼼짝없이 죽는다."

"왜 죽어야 하는데?"

"연탄가스다. 난 죽어도 못 일어나겠다."

웅얼거리던 친구의 말이 가물가물 들렸다.

난 죽으면 안 된다는 생각에 겨우겨우 부엌을 통해 마당으로 기어 나왔다. 머리가 깨어질 듯 아팠다. 한참 뒤 친구를 깨우러 방에 들어갔으나 친구는 일어나지 못했다. 친구 집까지 어떻게 갔는지 기억이 없다. 정신을 차려 일어나 보니 우린 나란히 누워 있었다. 친구 엄마는 동치미 국물을 떠먹여 주셨다.

턱이 쓰라려 거울을 보니 살갗이 벗겨지고 피가 맺어 있었다. 부엌 바닥에 쓰러져 얼마나 일어나려고 애썼는지를 턱이 말해 주었다. 이야기를 전해 들은 언니와 형부가 다음날 바로 달려왔다. 눈물을 글썽이며 당장 연탄가스가 들지 않는 집을 구해 필요한 것을 장만해 주고 돌아갔다. 친구네도 얼마 후 다른 곳으로 이사 갔다. 얼굴도 예쁘고 성격도 좋은 친구였는데 그때 이후론 본 적이 없다.

그 시절 객지에서의 삶은 연탄과의 전쟁이라 해도 과언이 아니었다. 죽음 직전까지 간 기억 때문인지 이사갈 땐 연탄가스 배출이 잘되는지를 먼저 살폈다. 어떨 땐 이사하고 가스 냄새가 심해 한 달 만에 다시 집을 옮긴 적도 있다.

지나고 보니 힘겨운 시절이었지만, 연탄불에서 모락모락 피어나던 따스한 정은 추위를 녹이고도 남았다. 기온이 조금씩 내려가는 겨울 문턱에 서니 밑불을 가져다 주던 할머니 집 손자와 연탄불로 떡볶이를 해 주던 내 친구가 못내 그리워진다.

영화에 빠지다

　친구의 전화를 받았다. 함께 영화를 자주 보았던 고등학교 동기였다. 입장권을 예매해 놓았으니 토요일에 영화를 보러 가자고 했다. 약속을 정하고 나니 그날이 은근히 기다려졌다. 영화 제목은 그리 중요하지 않다. 친구가 선택한 영화라면 나도 좋아할 것이기에.

　광케이블의 발달로 영상매체에 대한 갈증은 많이 줄어들었으나 아직도 '영화' 하면 마음이 들뜨게 된다.

　흑백 TV만 접하던 우리에게 극장의 대형 화면은 시선을 사로잡기에 충분했다. 월급날이 다가오면 제일 먼저 계획한 건 어떤 영화를 보러 갈까였다. 울산에는 태화극장, 천도극장, 시민극장 등 영화관이 꽤 많았던 것으로 기억된다. 매혹적인 영화 포스터를 참고로 볼 영화를 찜하기도 했다.

　친구와 난, 사는 것이 고만고만해서 객기를 부리며 선뜻 돈을 쓰지 못했다. 친구가 밥을 사면 내가 영화표를, 내가 밥을 사면 친구가 영화표를 끊곤 했다. 가끔 일요일에 만나 영화를 볼 때면, 두 마리 참새는 음악다방에 앉아 그날 본 영화에 대해 쪼아대느라 시간 가는 줄 몰랐다.

　영화를 보러 가지 않을 때는 TV에서 방송되는 '주말의 명화'를 보았다. 늦은 시간까지 보다 다음날 늦잠을 자서 일정에 차질이 생길 때도 있었다. 그렇지만 영화의 유혹에서 벗어나기란 힘들었다.

　결혼 후 첫아이가 돌이 지났을 무렵 처음으로 영화관을 찾았다. 영화 보기를 그다지 즐기지 않는 남편은 결혼기념일을 핑계로 조르는 나의 청을 뿌리치지 못했다. 들뜬 마음으로 톰 행크스가 나오는 〈필라델피아〉를 관람했다. 마땅히 아이를 맡길 처지가 못 되어 업고 극장에 갔다. 집에서는 낮에도 잘 자던 아이가 영화가 시작되고 얼마 지나지 않아 칭얼대기 시작했다. 우는 아이를 달래지 못해 결국 극장을 빠져나오고 말았다.

　이후 영화관에 갈 엄두를 못 내고 비디오 대여점을 들락거렸다. 예전에 보았던 영화 중 〈사운드 오브 뮤직〉, 〈바람과 함께 사라지다〉, 〈닥터 지바고〉, 〈러브 스토리〉 등 비교적 감동받은 영화 위주로 보았다. 집에서는 극장에 비해 화면은 작았지만 호젓한 분위기로 더 몰입할 수 있었다.

아이들이 학교에 입학한 뒤로는 영화를 본 기억이 별로 없다. 주말에는 시댁에 가거나 집안의 대소사와 맞물려 영화를 본다는 건 엄두를 내지 못했다.

그런데 작년에 희소식이 날아들었다. 초고속 인터넷망을 이용하여 제공되는 양방향 텔레비전 서비스인 IPTV를 설치하면 편리한 시간에 언제든지 영화나 드라마를 볼 수 있다는 것이었다. 몇 개월 동안은 무료이며 이후 가입 여부를 결정해도 된다니 얼마나 달콤한 이야긴가!

나는 오후부터 일을 해 저녁에 방영되는 드라마나 새로 나온 영화를 보기란 어렵다. 그런 고충을 알기라도 하듯 이런 매체가 생기다니 입이 다물어지지 않았다. 영화광인 난 신바람이 났다. 지나간 영화뿐 아니라 종영 드라마를 섭렵하기에 이르렀다.

영화는 주말 밤을 이용해서 본다. 평소 보고 싶었거나 흥행 영화를 기억해 두었다가 보는 편이다. 기대하고 본 영화가 별로일 때도 있고 별 의미를 두지 않고 본 영화가 감탄이 절로 난 경우도 있다. 심야에 홀로 영화를 보면 공허한 마음도 채울 수 있고 친구와 영화를 보았던 기억도 새록새록 나 웃기도 하고 때론 울기도 한다.

감동을 주는 영화는 사람의 마음을 움직인다. 친구가 예매한 영화 〈워낭소리〉도 그런 영화 중 하나였다. 평생 땅을 일구며 살아온 할아버지와 30년 지기 소는 삶의 동반자였다. 소는 쇠약한 할아버지의 다리 역할을 했다. 논밭 갈기, 땔감 나르기 등 장정들보다 더 많은 몫의 일을 해냈다. 그런 소에게 할아버지는 아파서 쓰러질 것 같은 몸으로도 꼭 농약을 치지 않은 꼴만 베어 먹였다. 소가 수명을 다해 가는 것을 안 할머니의 성화에 할아버지는 우시장에 소를 팔러 가지만, 터무니없는 가격을 불러 소를 팔지 않고 집으로 데려온다. 얼마 뒤 동고동락했던 소는 양지바른 곳에 묻힌다.

그 영화를 보고 나는 시골에서 고생하다 돌아가신 아버지를, 친구는 시아버지를 그리며 한동안 자리에서 일어설 줄 몰랐다. 정이 메말라 가는 우리에게 어떻게 살아야 하는지 일깨워주는 영화였다.

현실을 영화처럼 살 수 없어도 화면 가득 펼쳐지는 영화에 빠지다 보면 자잘한 일상사는 저만치 물러나 있음을 발견한다. 내 인생의 청량제! 영화 보기를 멈출 수 없는 이유다.

추억의 책장을 넘기며

　매 학기가 시작될 즈음 아이들이 새 교과서를 받아오면 나는 왠지 가슴이 설렌다. 지금은 읽고 싶은 책이 있으면 도서관에서 대출받거나 전자도서 등 다양한 경로를 통해 접할 수 있지만, 내가 어릴 적만 해도 읽을거리가 매우 부족했다. 그래서 새 교과서를 받아오면 보물이라도 되듯 달력으로 덧씌우기도 하고, 훅 풍겨오는 잉크 냄새가 좋아 땅거미가 지도록 소리 내어 읽고 또 읽곤 했다.

　만화책을 처음 접하게 된 것도 도시에서 시집온 새댁 덕분이다. 그녀는 무협지 종류의 만화책을 즐겨 보았다. 어린 나로서는 내용이 이해가 되지 않지만 그림을 보는 재미에 책장을 넘겼다.

초등학교 때 담임선생님은 《어깨동무》 잡지를 구독할 사람은 신청하라고 하셨다. 집안 형편을 잘 알기에 책 신청 얘기는 입도 뻥긋 못하고 구독 신청하는 친구를 부러운 눈으로 바라보았다.

어느 날 책을 많이 읽을 기회가 왔다. 그것은 학교가 파한 후 학급문고를 정리하는 일이었다. 동화책과 위인전이 주를 이루었지만, 나에게는 경이로움 그 자체였다. 짬짬이 책을 읽느라 책 정리하는 시간이 길어졌어도 선생님은 별다른 말씀을 하지 않으셨다. 땅거미가 내리면 서둘러 집으로 왔지만 그날 읽은 책 내용을 그리면 행복하기만 했다. 나중에 돈을 벌면 책을 많이 사서 질리도록 읽고 싶다고 생각했다.

큰오빠와 나는 나이 차가 꽤 난다. 일찍 도회지에 간 큰오빠가 시골에 올 때면 곧잘 《선데이 서울》 잡지를 사 오셨다. 읽을거리가 부족했던 그 시절, 큰오빠가 가져온 책은 우리들의 관심거리였다. 특히 눈길을 끈 것은 '사랑의 체험 수기'였다. 지금 생각하면 뻔한 스토리였지만 화장실에 숨어서 읽는 그 재미가 무척이나 쏠쏠했다. 오랜만에 만나 이야기하는 것보다 잡지책을 더 좋아한 철없던 동생이었다. 큰오빠는 가끔 잡지책 대신 신문을 가져오기도 했다. 그럴 때면 한껏 부풀어 오른 풍선에 바람이 빠지는 것처럼 맥이 풀렸다. 그러나 잡지책이나 신문은 오래

두고 볼 수 없었다. 학기가 지난 교과서와 함께 아쉬움을 뒤로 하고 재래식 화장실 휴지로 사라져 갔으므로.

중학생이 되었을 때 회사에 다녔던 작은언니는 가끔 월간지인 《샘터》를 사 왔다. 언니가 마루에 걸터앉아 긴 그림자를 드리우고 책을 읽는 모습은 밀레가 그린 〈만종〉처럼 경건해 보였다. 내 머릿속에 그려진 언니의 모습은 항상 긴 생머리에 책을 끼고 다니는 청순한 모습이었다. 그렇지만 결혼한 언니 집에 놀러 갔을 때, 뽀글거리는 머리와 화장기 없는 얼굴로 부업하는 모습을 보니 코끝이 시큰했다. 언니는 객지에서 생활하는 동생을 위해 밑반찬을 가지가지 만들어 주었다. 철이 들면서 미안한 마음에 가계부가 딸린 여성 잡지를 선물한 적이 있다. 그때 환하게 웃던 언니의 얼굴에서 옛날 그 모습이 얼비치는 듯했다.

직장생활을 하면서부터 전집류를 할부로 사 읽었다. 주로 한국·세계 문학을 읽었다. 만화영화로 인기를 끈 《빨간 머리 앤》 전집도 구입했다. 휴일은 아침도 거른 채 배를 깔고 누워 오후 두세 시가 될 때까지 책을 읽곤 했다. 월급날엔 서점에 들러 인기 작가들이 쓴 소설책과 월간지를 사서 날이 새는 줄도 모르고 읽었다.

결혼하고 짐을 챙기는데 혼수용품보다 책이 더 많아 시댁 식구들을 놀라게 했다. 시아버지는 그때 "아가, 너는 책만 읽고 살았나." 했을 정도였다.

　첫아기를 가졌을 때 친정아버지가 돌아가셨다. 우울증에 말도 하기 싫었고 사람들을 만나기도 싫었다. 뱃속 아기에게 해가 될까 봐 마음놓고 울지도 못하고 허전한 마음을 달래려 책을 읽었다. 그래서인지 태어난 아이는 어릴 때부터 책읽기를 좋아했다. 학교에 들어가서는 도서부장을 맡아 활동하고 백일장에 두루 입상하는 영광도 안겨 주었다. 아이가 글짓기에 재능을 나타내다 보니 같은 반 엄마들이 아이들의 독서 교육을 부탁해 왔다.

　난 어릴 때부터 선생님이 되고 싶다는 소망을 담아 겁도 없이 아이들을 가르쳤다. 하지만 아는 만큼 보인다고 했던가. 하면 할수록 전문지식이 부족함을 깨닫고 독서지도사 수강을 신청했다. 일주일에 두 번씩 강의를 듣고 과제를 충실히 제출한 결과 자격증을 취득하여 전문 독서지도사로 거듭날 수 있었다.

　여행길에 들어서면 나는 꼭 책을 챙긴다. 책 속에 진리가 있다는 옛 성현들의 말씀을 되새기지 않더라도, 이제 나에게 책은 생체 리듬의 한 부분으로 자리매김했다. 생활에서 오는 고독과 외로움을 책으로 달랜 시간이 무척 소중하게 느껴진다.

　어릴 때 새 교과서의 잉크 냄새에 대한 집착,《어깨동무》잡지책이 너무 보고 싶었던 마음, 월급을 잘라서 책을 샀던 일, 부모님의 부재에 대한 서글픔 등이 책에 더 빠져들게 만들었고 삶의 밑천이 되었다.

  난관에 부딪힐 때마다 힘이 되는 것은 책과의 만남이다. 매달마다 다른 책을 볼 수 있는 직업은 그래서 매력적이다. 오늘도 나는 책 속에서 길을 찾고 행복을 찾아 책장을 넘긴다.

자전거

우리 집 식구들은 자전거 타는 솜씨가 수준급이다. 남편과 난 학창 시절 자전거로 통학했다. 자전거 탄 햇수가 20년이 넘으니 이만하면 베테랑급 아닌가. 아이들 역시 세발자전거를 시작으로 보조 바퀴 달린 자전거를 거쳐 두발자전거도 아주 잘 탄다. 그래서 토요일을 누구보다 손꼽아 기다린다.

우리가 자랄 때는 학교도 한참을 걸어서 다니고, 밖에서 뛰어놀다 보니 자연스레 체력이 단련되었지만, 요즈음 아이들은 학교 수업 후 학원으로 내몰리는 현실이 안타깝다. 그나마 자전거 타기에 관심을 기울이는 것이 다행인 듯싶다.

난 아이들의 자전거를 같이 사용하고 있었다. 그런데 얼마 전 남편이 자전거 두 대를 들여와 전용 자전거가 생겼다. 아는 사람이 자전거 대여점을 했는데 잘되지 않았는지 처분한다고 해서 싼값에 구입했단다. 난 새 옷을 산 아이처럼 가슴이 두근거리기까지 했다. 참으로 묘한 느낌이 마음속으로 파고들었다.

내가 중학교에 입학하고 얼마 지나지 않아 아버지께서는 중고 자전거 한 대를 사 오셨다. 집에서 학교까지의 거리는 걸어서 1시간 30분 정도 소요되는 조금은 먼 거리였다. 하루에 몇 번 다니지 않았던 버스는 우리보다 더 먼 곳에서 다니는 아이들로 항상 만원이었다. 기다리다 그 차를 타지 못하면 지각하기 일쑤여서 여자아이들은 걸어서, 남자아이들은 대부분 자전거로 통학했다. 그때만 해도 나는 몸이 약했다. 그래서 아버지께서 무거운 책가방과 체육복이라도 싣고 다니라며 자전거를 사 오셨다.

아버지는 오빠에게 한 달 내로 동생에게 자전거를 탈 수 있게 연습시켜야 한다며 일침을 놓으셨다. 그러자 오빠는 비포장 길에서 자전거 연습을 시키는 것이 내키지 않았는지 툴툴거렸다.

요즈음은 키 높이가 조절되는 다양한 종류의 자전거가 나오지만, 그때만 해도 시골에서 타고 다니는 건 대부분 남자용 짐자전거였다. 다리가 길지 않았던 나는 자전거를 끌고 가면서 페달에 발을 올려 타야 하는 고도의 기술(?)이 필요했기에 기울어지고 처박히기를 수없이 반복했다.

드디어 자전거 타기에 성공하고 떨리는 마음으로 등굣길에 올랐다. 시원한 바닷바람을 마시며 걸어가는 사람을 지나쳐 갈 때의 짜릿함은 하늘을 나는 기분이었다. 그런데 자전거 타기를 꺼리게 된 결정적인 이유는 멸치 사건이 있고 난 후부터다.

우리 집은 바닷가라서 멸치잡이를 할 때가 종종 있었다. 멸치를 잡아 오면 빠르게 삶아 발에 널고, 어느 정도 마르면 엉겨붙은 멸치를 낱낱이 떼어 상품 가치를 높였다. 말린 멸치는 대개 중개인들이 거두어 갔는데, 그 돈이 장에 가서 파는 것보다 훨씬 적어 동네 사람들은 웬만하면 시장에 가서 팔기를 원했다.

장날이 마침 일요일이었다. 아버지는 돈을 더 받을 수 있어서인지 장에 가서 팔고 왔으면 했다. 언니들도 있지만 자전거는 나 혼자 탈 수 있었기에 내가 가겠다고 나섰다.

가족들의 염려를 뒤로하고 난 아버지께 인정받고 싶어서 한 부대의 마른 멸치를 싣고 페달을 밟았다. 평길은 힘들어도 그런대로 갈 수 있었지만 오르막은 자전거를 끌고 올라가야 했기에 짐 무게로 인해 자전거가 자꾸만 뒤로 넘어가려 했다. 등줄기에는 땀이 비 오듯 흐르고 얼굴은 홍당무처럼 달아올랐다.

비포장길을 힘겹게 달려 장에 도착하니 어디에서 팔아야 할지 잘 몰랐다. 자전거를 끌고 두리번거리며 팔 장소를 찾아 비좁은 길을 가고 있었다. 그런데 멀리서 반 친구들이 재잘거리며 찐빵 파는 곳을 지나 내가 있는 곳으로 오는 것이 보였다. 난 혹시라도 친구들과 마주칠까 봐 자전거를 돌려 그대로 집에 오고 말았다.

며칠을 끙끙 앓은 기억이 난다. 몸과 마음이 아득히 먼 곳으로 떨어지는 느낌이었다. 그 일은 세상이 만만치 않다는 것을 느낀 최초의 사건이었다. 아버지는 나에게 아무 말씀도 하지 않으셨다. 아마 당연히 그렇게 되리라 예상하셨는지도 모른다. 그 후 친구들과 같이 다닐 수 없다는 핑계를 대며 자전거를 차츰 멀리하게 되었다.

그런데 몇 년 전 부산국제영화제 기념으로 TV에서 〈북경자전거〉를 방영하였다. 자정이 다 되어가는 시간이었지만 자전거란 단어 때문에 화면으로 빨려들었다. 한 시골 아이가 자전거를 받을 일념으로 도심의 서류를 배달하는 회사에서 일해 자전거를 받게 된다. 그런데 애지중지하던 자전거는 불량배들의 표적이 되어 잃어버린다. 우여곡절 끝에 어디 있는지 알아냈지만 자전거는 이미 다른 사람이 타고 있었다. 사춘기 소년이 새어머니와 적응하지 못한데다 자전거도 없어 친구들에게 따돌림을 당하다 아버지의 돈을 슬쩍해서 훔친 물건을 되파는 곳에서 자전거를 사 타고 다닌 것이었다. 두 사람은 서로 자기 것이라 우기며 실랑이를 벌이다 결국 시간을 정해 놓고 자전거를 번갈아 타게 된다.

처음에는 적대관계였지만 시간이 지남에 따라 잘 맞물려 돌아가는 톱니바퀴처럼 서로가 양보하며 이해심 있는 아이들로 변해간다. 그러나 불량배들은 변해가는 친구의 태도에 위기의식을 느껴 미로 같은 길을 쫓아 막다른 골목에서 자전거를 빼앗아 고물처럼 망가뜨리고 만다. 주인공은 온몸이 피투성이가 된 상황에서도 "내 자전거, 내 자전거!" 절규하는 목소리가 긴 여운을 남겼다.

  이 한 편의 영화로 잃어버렸던 자전거를 찾은 기분이었다. 비록 화면 속 자전거는 망가졌지만 주인공과 내가 어느새 친밀한 유대감이 형성된 양 자전거가 마음 깊숙이 다가왔다. 내면에 잠재되어 있던 그 무엇이 꿈틀거리며 뭔가 할 수 있다는 자신감이 차올랐다.

  영화를 본 것을 계기로 오랜만에 자전거를 다시 타게 되었다. 처음에는 비틀거렸어도 곧 예전의 실력으로 돌아갈 수 있었다. 가끔 아이들과 함께 대공원에서 자전거를 탄다. 가족과 함께하는 시간이 많지 않은 일상에서 나란히 페달을 밟다 보면 끈끈한 가족애도 느낄 수 있다. 쑥쑥 커가는 아이들의 실력이 만만찮아서 나를 앞지를 때가 많아도 내 입가엔 웃음이 떠나지 않는다.

  아버지께서도 내가 자전거를 타고 달릴 때 이렇게 흐뭇했을 것이다. 다가오는 휴일엔 아이들에게 〈북경자전거〉 영화를 함께 보며 추억을 소환하고 싶다.

바람떡

한 무리 새가 포로록 내려앉았다 다시 날아오른다. 이제 저들도 갈 곳을 찾아 떠날 채비를 하는 잎새들이다. 이맘때면 내 마음에도 숭숭 바람이 분다.

뼈마디가 욱신욱신하고 머리가 텅 빈 것 같다. 아마도 몸이 쉬라는 신호를 보내는가 보다. 나는 한꺼번에 일을 몰아서 하는 버릇이 있다. 호되게 몸살을 앓고 나면 다시는 그렇게 하지 말아야지 다짐해도 그때뿐이다. 다음해를 준비하기 위해 잎을 다 떨구는 나무의 지혜를 본받아야 할 때다. 이런 날 누군가 곁에서 조곤조곤 이야기하거나 식욕을 돋우는 음식을 만들어 주었으면 하는 마음 간절하다.

결혼 후 음식을 내 입맛에 맞추기보다 남편이나 아이들의 입맛을 염두에 두고 만들었다. 그렇지만 아무리 남편이나 자식을 위해 정성을 쏟아도 정작 자신이 아플 때는 음식을 해주는 사람이 없다는 것은 슬픈 일이다. 그럴 때면 지금껏 엄마와 아내의 존재로 살아온 것에 대한 회의가 엄습한다. 그래서 단 하루라도 나만을 위한 식탁을 차리고 싶어 재래시장으로 걸음을 옮겼다.

 이리저리 기웃거려도 마땅한 것을 찾지 못하고 있는데 마침 떡집이 보였다. 평소 잘 이용하지 않은 떡집이었으나 그날은 한번 들러보고 싶었다. 큰 양은솥에 김이 무럭무럭 나는 노오란 빛깔의 부풀린 떡이 눈에 들어왔다. 유난히 검붉은 콩을 보니 입안 가득 군침이 돌았다. 반가움과 그리움, 그것은 잃어버린 유년을 되찾은 것과도 같았다.

 이 떡은 구멍이 쏭쏭 뚫려 있어서 일명 '바람떡'이라 불렸다. 지방에 따라 부르는 이름도 다양한데 밀떡, 공갈떡, 술떡이라고 부르기도 한다. 적당히 부풀어 오른 떡을 볼 때면 한 아저씨의 얼굴이 겹쳐 온다.

 한창 청무처럼 쑥쑥 자라던 어린 시절, 우리는 먹고 싶은 것이 많았다. 가끔 동네에 뻥튀기 아저씨가 올 때면 보리쌀을 가져가 튀겨 먹었다. 하지만 아줌마가 리어카에 싣고 팔러 다니는 삼각형으로 자른 바람떡에는 비교가 되지 않았다.

우리 동네에 큰언니를 좋아하는 아저씨가 있었다. 그 아저씨는 얼굴 가득 헤픈 웃음을 머금고 다녔다. 그래서인지 보는 사람을 편안하게 만드는 매력이 있었다. 아저씨가 경운기를 몰고 읍내에 갔다 오는 날이면 회사에 갔다 걸어오시는 아버지를 꼭 태워주곤 했다. 집안도 동네에서 괜찮은 편에 속하고 인사성도 밝아 완고한 아버지에게도 후한 점수를 얻었다.

그 시절, 바람떡은 보리쌀이나 쌀로 바꿔 먹을 수 있었다. 그렇지만 우리 집에서는 좀처럼 사 주는 법이 없었다. 그런데 바람떡이 먹고 싶을 땐 언제든지 사 준다고 하는 아저씨가 있었으니, 그 사람은 당연히 우리에게 인기가 많았다. 어린 마음에 언니가 그 아저씨와 결혼하기를 바라기도 했다.

친구들은 우리 집을 부러운 눈으로 바라보았다. 아저씨는 떡 파는 아주머니가 오는 날이면 담 뒤에서 큰 소리로 우리를 불러 큼직한 바람떡을 사 주곤 했다. 작은오빠와 난 언니에게 혼날 것 같아 눈치를 봐 가면서도 입에서 살살 녹는 그 맛 때문에 언니의 말이 귀에 들어올 리 없었다.

아저씨는 가끔 언니를 보고 싶어 했지만 언니는 다른 사람에게 마음을 빼앗기고 있어 그 아저씨를 부담스러워 했다. 하루는 언니가 우리를 앉혀놓고 다시는 그 아저씨가 떡을 사준다고 해도 먹지 말라며 따끔한 충고를 했다.

그 후 얼마 지나지 않아 언니는 지금의 형부와 결혼했다. 결국 바람떡을 얻어먹은 우리만 미안하게 되었다. 푸짐한 바람떡만큼 정이 많던 사람이었는데….

바람떡은 아저씨의 마음에 바람만 남기고 떠나갔지만, 그 떡에 스며든 아저씨의 진국 같은 마음까지는 가져가지 못했다.

바람떡 세 개를 사서 집으로 왔다. 꽃무늬 접시에 담아 식탁에 올려놓았다. 노오란 빛을 띤 떡은 보기만 해도 입안 가득 군침을 돌게 했다. 랩을 벗겨내고 한 입 베어 문다. 스르르 녹는 바람떡, 옛날 그 달착지근한 맛을 되살리기에 충분했다.

어떤 사표

올봄, 새순이 고개를 내밀며 전해준 것은 건설플랜트 노조의 파업 소식이었다. 며칠이면 끝날 것 같았던 파업은 울타리의 줄장미가 흐드러지게 피었어도 식을 줄 모르고 달아올랐다. 그렇지만 남편과 나는 서로 바라보기만 할 뿐 아무런 말이 없었다. 그저 빨리 해결책을 찾아 파업이 끝났으면 하는 바람뿐이었다. 그것은 기억 저편에 주홍글씨처럼 아픔이 새겨져 있기 때문이리라.

몇 년 전을 생각하면 마치 폐허 속을 헤쳐 나온 것처럼 아득하게 느껴진다. 그것은 분명 우리의 보금자리를 위협하는 하나의 서막이었다.

그해 6월 남편 회사와 같은 업종 노조를 시작으로 노사분규의 불꽃은 피어올랐다. 어지러운 현수막과 확성기 소리, 도로를 뒤덮은 돌무더기를 볼 때만 해도 나와는 무관한 것이려니 생각했다. 그런데 남편의 회사가 노조의 찬반투표를 거치지 않은 채 파업을 강행한 것이었다.

 사용자와 노조 간의 팽팽한 줄다리기는 몇 개월 전부터 시작되었다. 최대의 걸림돌은 민주노총의 지지하에 파업을 강행한 것이 업계의 불황으로 이어져 대규모 인원 감축이 불가피하다는 회사 측과, 지금껏 노동자의 피땀으로 회사가 성장해 왔는데 조금 어렵다고 근로자를 해고한다는 것은 있을 수 없는 일이라며 서로 의견 차이를 좁히지 못해 교섭이 실패한 가운데 일어난 것이었다.

 이유야 어찌되었건 난 노사 분규 자체가 싫었다. 그럴싸한 명분을 내세웠지만 보금자리가 흔들릴 것 같아 파업에 가담하지 않기를 바랐다. 그러나 남편은 가만 있으면 힘없는 근로자만 당할 거라며 기어이 파업에 동참했다.

 머리엔 붉은 띠를 두르고 조끼엔 '단결 투쟁'이라 새겨진 옷을 입고 결연한 의지를 내보였다. 시간이 지날수록 파업에서 이탈하는 사람이 늘어났다. 그렇지만 남편은 요지부동 파업 현장을 지키고 있었다. 회사에서는 집으로 전화를 걸어 회유와 압박을 가했다. 나는 앞으로 벌어질 일을 생각하니 머리가 아파 불면의 나날을 보냈다. 회사에 나갈 것을 간절히 원했지만, 남편의 태도는 냉담했다. 회사에 나가도 파업하는 동료들을 감시하는 구사대 역할을 해야 하고 결국엔 정리해고될 것이기에 그렇게는 할 수 없다고 했다.

파업이 극으로 치달을수록 가정생활은 옥죄어 왔다. 무노동 무임금으로 통장은 바닥을 보였고 방학이 되어도 아이들을 데리고 휴가를 떠날 수도 없었다. 찜통더위 또한 불쾌지수를 더해 남편을 향한 원망은 쌓여만 갔다.

뉴스에서 들려오는 정상 가동 소식에 대규모 집회가 있던 날, 회사 정문으로 가 보았다. 파업하는 인원은 굉장했다. 회사가 정상 가동된다는 말은 거짓이었다. 그 와중에 노조 간부들은 부인들도 파업에 동참할 것을 권했지만, 나는 왠지 서글픈 생각이 들어 집으로 오고 말았다.

파업이 시작된 지 석 달이 다 될 무렵 공권력 개입이 임박했다는 소식과 함께 노조위원장의 구속으로 긴 파업은 막을 내렸다. 남편은 그제야 집으로 돌아왔다. 그을린 얼굴, 얼룩진 옷은 패잔병을 연상케 했다.

파업에 동참한 고통은 크게 다가왔다. 법원에서는 30억 원이라는 엄청난 숫자의 가압류 서류가 날아들었다. 아무런 연락도 없이 회사 측의 일방적인 원칙에 따라 그렇게 될 수 있는지 기가 찼다. 법은 강자 편이었다. 약자인 근로자는 속수무책 당할 수밖에 없었다.

출근 전쟁이 시작되었다. 아침에 갔다가 저녁에 오는, 극히 정상적으로 보이지만 그것은 옐로카드였다. 붉은색 카드를 보이기 전에 알아서 하라는 경고음이었다. 부서도 전혀 다른 곳으로 배치되었고 교육이라는 명목하에 매일 리포트를 제출하고 긴 면담이 시작되었다. 면담 내용은, 이 부서는 인원이 많아 당신이 할 일이 없고 퇴직하면 가압류는 바로 해지된다는 것이었다.

퇴직하지 않겠다던 처음 생각과는 달리 남편은 한 달을 버티지 못하고 회사를 그만두고 싶어 했다. 사표를 내기 하루 전날, 자정이 넘어 들어온 남편은 짙은 술 냄새를 풍겼다. 평소에 과묵한 성격인 남편은 술기운을 빌려 욕설을 퍼부었다.

"얼마나 잘사는지 두고 보자. 부려 먹을 때는 언제고 이제 필요 없다고 나가라고…."

넋두리는 끝이 없었다. 나는 남편을 겨우 달래고 잠이 든 것을 보고서야 마당으로 나왔다. 앞으로 어떻게 살아야 할지 대책이 서지 않았다. 막막한 심정을 아는지 모르는지 달빛은 유난히 밝았다.

가압류는 사표 수리가 되고 한 달이 지나서야 풀렸다. 파업으로 얻은 게 무엇인가? 회사도 근로자도 얻은 것보다는 잃은 게 더 많았다. 먼저 파업을 시작한 경쟁사는 조속한 타결로 파업하는 틈에 거래선을 늘리는 데 성공했다. 남편이 다녔던 회사는 긴 파업으로 경쟁력을 잃었다. 근로자도 인간관계가 서먹해지고 소중한 일터도 사라졌다. 퇴직한 사람도, 남아서 회사에 다니는 사람에게도 깊은 상처를 남겼다. 회사도 어차피 내보내야 할 근로자라면 파업이라는 극한 상황으로 몰고 가기보다 지금껏 땀 흘려 일해 온 고마움의 표시로 처음부터 희망퇴직을 유도했으면 어땠을까.

남편은 정년퇴직까지 회사를 다닌다 생각했기에 아무런 준비 없이 마주한 현실은 결혼의 최대 위기였다. 우리는 의논 끝에 각자 잘할 수 있는 일을 찾아보기로 했다. 결론은, 남편은 사업을 하지 않고 새로운 직장에 닻을 내렸다. 근무 조건과 임금은 예전에 비할 수 없지만, 무단결근 없이 다녔던 성실함을 바탕으로 새로운 회사에서도 차츰 인정받고 있다. 나 또한 미래를 위해 자격증에 도전하고 있다.

남편의 퇴직은 평범한 일상에 묻혀 지내던 나를 긴장하게 만들었다. 하지만 예전의 회사에 그대로 다니고 있었다면 내 모습은 달라지지 않았을 것이다. 인생의 전환점에 선 나는, 현 생활에 최선을 다할 것이다. 아침마다 힘차게 삶의 현장으로 향하는 남편의 모습과 아이들의 해맑은 모습에서 밝은 미래를 엿본다.

2.
소라게

선물

앙증맞은 화분이 집 앞에 놓여 있었다. 통통한 줄기와 잎이 빼곡한, 자그마한 도자기 화분이었다. 이리저리 살펴보는데 화분 표면에 깨알 같은 글씨가 시선을 사로잡았다.

그제야 짚이는 데가 있어 휴대전화를 열었다. 부재중 전화와 문자가 와 있었다. 수업하느라 전화를 확인하지 못했는데 종일 쌓였던 피로가 싹 가시는 듯했다. 그 아이와 함께했던 시간은 7년이었다.

화분을 놓고 간 아이는 책 읽는 것을 무척 좋아했다. 한 달에 지정된 책 외에도 우리 집에 있는 책을 자주 빌려 가 읽었다. 자신에게 있었던 이야기를 한 보따리 가져와 풀어놓기를 좋아했다. 학교에서 속상했던 일, 주말에 어디를 갔다 왔던 일, 엄마에 대한 불만 등 소소한 이야기를 스스럼없이 풀어놓았다. 선생님이 아닌 친구에게 이야기를 털어놓듯이 그렇게 대했다.

긴장된 학교생활에 조금이나마 정서적인 면을 부여하고자 방학 때 수업 후 30분 정도 시조 특강을 하곤 했다. 시제를 내주며 써 보도록 하고 다 쓰지 못하면 숙제를 내 주기도 했다. 그 아이는 다른 아이들보다 숙제를 잘해 왔는데, 칭찬해 주면 신이 나서 더 열심이었다. 백일장에 나가서도 입상하면 꼭 선생님 덕분이라고 해 나를 흐뭇하게 했다.

함께 수업했던 친구들이 중학교 진학을 앞두고 그만두었을 때도 혼자 수업하러 왔다. 몇 해가 지나고 예전의 아이들이 다시 배우러 왔을 때도 큰 동요 없이 자리를 지켰고, 고등학교 입학 전까지 우리 집을 줄기차게 드나들었다. 그 아이로 인해 건조한 생활은 물기를 되찾을 때가 많았다.

독서지도사란 미명 아래 많은 학생이 스쳐 지나갔다. 처음엔 어떻게 하든지 아이들에게 내가 가진 모든 것을 쏟아부으려 애썼다. 책을 읽어 오지 않으면 수업하지 않고 돌려보내고, 글을 다 쓰지 않으면 정해진 시간을 훌쩍 넘기고도 보내주지 않았다. 힘들어하는 아이들에게 원칙만 내세웠다. 하지만 그것만이 능사가 아니란 걸 시간이 훌쩍 지난 뒤에야 깨달았다.

흔히 청소년기를 공에 비유한다. 어디로 튈지 모르기 때문이다. 어떤 학생은 수업 날 첫마디가 아파트에서 뛰어내리고 싶었다고 하여 나를 긴장시켰다. 그러면 네가 왜 그렇게 하면 안 되는지, 너를 이만큼 키우기 위해 부모님이 얼마나 많은 노력을 했으며, 네가 만일 다른 선택을 한다면 네 부모님은 살아갈 힘을 잃을 것이고, 너는 누가 뭐래도 너 자신이 가장 소중한 존재며, 네가 하기 싫으면 하지 않으면 되는 것이지 그런 어리석은 선택을 할 이유는 없다며 다독였다.

　독일의 철학자이자 교육학자인 프란츠 슈프랑거는 "교사는 학생의 영혼을 조각하는 사람이다."고 했다. 이 말을 새길 때마다 자신을 되돌아보게 된다. 교사가 빚는 대로 모양이 나오는 찰흙 같은 존재인 아이들을 내가 잘 안내하고 있는지 숙연해진다.

　나름의 원칙을 세우고 아이들을 지도하고 있지만, 훗날 어떤 모습으로 새겨질지는 모른다. 가르침에 대한 회의가 들 때 떠나지 못하는 이유는 특별한 것이 아니다. 학생이 놓고 간 작은 화분에 새겨진 그 마음이다.

　쌤! 사랑해요♡♡
　선생님 안녕하세요. 저는 선생님의 사랑스런 7년(!!)제자 ○○이에요.♡

오늘이 스승의 날 겸 체육대회여서 왔는데 안 계셔서 화분만 놓고 가네요. ㅠㅠ

저는 선생님께서 저를 가르쳐주신 그 7년이 제 인생에서 가장 값진 시간 중 하나라고 생각합니다.

왜냐면 잘못하면 삐뚤어질 수도 있던 시기를 올바르게 사용하도록 쌤께서 잡아주셨다고 생각하거든요.

지금 제가 쌤 댁 앞에 이르는 동안에도 쌤께서는 어떤 어린 친구들을 잡아주실 것 같다는 생각이 드네요.

선생님! 비록 공간이 적어서 제 생각을 많이 전달하지 못한다는 게 아쉽긴 하지만 제가 쌤을 존경하고 사랑하는 건 변치 않아요. 사랑합니다.

○○ 올림

석수장이

휴대폰에 국제전화번호가 떴다. 얼떨결에 받아보니 아무 소리도 들리지 않았다. 순간 보이스피싱이 생각나 얼른 끊었더니 보이스톡으로 전화가 왔다. 내가 가르쳤던 학생이었다. 왜 전화를 끊냐며 지청구를 늘어놓더니 대뜸

"선생님! 저 선생님 많이 힘들게 했지요?"

"뭐, 힘들게 하기는…. 너, 군대 제대는 했냐?"

"네. 올해 복학했어요. 쌤! 요새 저 경제, 시사, 역사 외에도 책 정말 많이 읽어요."

"그래? 진짜 잘하고 있구나. 쌤은 네가 정말 자랑스럽다."

가르치는 일을 하면서 기억에 남는 이는 개성이 뚜렷한 아이들이다. 전화 온 아이도 그중 한 명이었다. 참으로 오랜만에 음

성으로 재회한 것이다.

아이를 처음 만난 건 초등학교 3학년 때였다. 엄마 손에 이끌려 수업받으러 왔다. 개구쟁이 같은 얼굴에 책읽기를 그다지 좋아하지 않아 걱정이 앞섰다.

그 아이는 우리 집과 가까운 아파트에 살았다. 팀별 시간이 맞지 않아 혼자 수업하게 되었다. 일주일에 한 번 하는 수업은 그런대로 꼬박꼬박 참석하였다. 문제는 책을 읽었다고 하는데 내용 파악이 잘되지 않았다. 미심쩍은 부분이 있었지만 다 읽었다고 하면 믿어주었다. 토론할 때는 자신의 주장을 장황하게 늘어놓았다. 토론의 기법보다 아이가 하는 이야기를 듣는 것으로 시간을 할애했다. 마음속의 생각을 들여다보는 시간이었기에 귀기울여 주었다. 생각을 글로 표현할 때는 다른 아이들과 달리 분량에는 크게 신경 쓰지 않았다.

어느 날 아이 엄마에게서 전화가 걸려 왔다. 학교에서 아이들이 싸워 학부모를 소집한다는 것이었다. 어머니의 여린 심성으로 보아 서슬 퍼런 기세에 눌릴 것이 분명했다. 더구나 아이 아빠가 알면 엄청나게 혼날 것이라며 걱정이 이만저만이 아니었다. 나는 아이에게서 상황 설명을 들어보고 선생님께 사실대로 말씀드려 조언을 구하라고 했다. 다행히 그 일은 서로 잘못한 부분이 있었기에 별 탈 없이 마무리되었다.

사춘기로 접어들면서 아이의 반항심이 조금씩 짙어졌다. 말투도 거칠고 수업하기 싫어하는 기색이 역력했다. 나는 어떻게 하면 아이를 잘 이끌 수 있을까 고민하게 되었다. 책읽기를 비롯하여 토론과 글쓰기도 좀더 다듬어야 할 때였다. 궁리 끝에 동기 부여를 심어주기로 했다.

"대학에 가서 여자 친구 만나려면 문학전집을 읽어야 한다. 감성적으로 대화를 이끌어가려면 꼭 필요한 게 책에 다 나와 있다. 작품에 나오는 멋진 표현을 알아두면 쓸모가 있단다."

토론할 때는 자신감 있는 목소리와 말을 조리 있게 하는 점을 부각하며

"넌 앞으로 사업가로 나서면 사람들의 마음을 움직여 성공할 수 있을 거야. 선생님은 너에게 거는 기대가 크다."
라며 다독거렸다. 그 후 예전보다 책을 잘 읽고 글쓰기도 조금씩 나아졌다.

고등학교 진학을 앞두고 아이 엄마는 걱정이 많았다. 아무래도 인문계학교에 들어가기 힘들 것 같다며 조언을 구했다. 나는 아이의 장래를 생각해서 미리 포기하지 말고 시간이 많지 않으니 외우는 과목에 집중하여 공부할 것을 권했다. 얼마 지나지 않아 녀석은 고입 시험 대비를 위해 수업을 그만두게 되었다.

어둠이 깔린 시청 광장에서 운동을 하던 날이었다. 누군가 다

가와 내 이름을 부르며 장난스럽게 말을 걸어왔다.

 "지금 여기서 뭐하노. 마, 우리 집에 가자. 엄마가 같이 가면 좋아할 끼다. 가서 책 어떻게 읽어야 하는지 내 좀 가르쳐 도."
라며 자기 집으로 갈 것을 재촉했다. 수능에 나올 가능성이 있는 책을 어떻게 읽고 분석해야 하는지 이야기해 주고 왔다. 그는 염려와 달리 인문계 고등학교에 진학하였고 대학도 들어갔다.

 그 후 스승의 날이나 메르스가 기승을 부릴 때 메시지를 보내왔다. 나는 화답으로 안부를 묻고 군대에 갈 때는 꼭 전화하라고 말했다. 그런데 벌써 제대했다니….

 여느 아이와는 다르게 개성이 강하고 담대한 학생이었다. 야생마처럼 장난기 가득한 목소리로 마치 자신이 제왕인 듯, 심지어 스승인 나에게마저 말이 짧았다.

 선생이란 직업은 석수장이와 닮았다. 뭉툭한 돌을 다듬어 작품을 만드는 것처럼 아이들을 가르치는 것도 모난돌을 다듬어 매끈한 돌로 바꾸어 나가는 과정이다. 야생마 같은 아이가 가르침을 받아 사회의 일원으로 제 몫을 다할 때 가장 큰 보람을 느끼지 않을까.

 대학에 다니고 있는 녀석을 만났을 때 첫 마디가 궁금하다. "샘, 요즘 뭐하고 지냈노?"라고 할까. 친구 같은 제자를 기다리는 맛이 쏠쏠한 요즘이다.

선생님 전성시대

몇 년 전, 폐교가 된 모교에 갔다. 바다가 한눈에 쏙 들어오는 학교 언덕은 측백나무가 내 키의 몇 배나 되었고, 아까시나무 꽃도 지천으로 널려 있었다.

학교는 모 대학 연수원으로 공사가 한창 진행 중이었다. 기계에 의해 내 기억이 잘려 나가고 있다고 생각하니 따가운 볕만큼이나 미간이 찌푸려져 얼른 교실로 들어갔다.

거기엔 자그마한 체구의 초등학생이 까만 산머루를 닮은 눈동자를 반짝이고 있었다. 선생님의 쩌렁쩌렁한 목소리에 잔뜩 주눅 든 아이들도 보였다.

시계 보는 법을 공부하던 2학년 산수 시간, 선생님은 무슨 일이 있어도 오늘은 완벽하게 가르칠 태세였다. 1시 50분에 시곗

바늘을 놓고 물으면 2시 50분이라고 답하는 아이들이 많았다. 점심시간이 훨씬 지나서까지 이어진 시계 보는 수업은 진척이 없었다. 선생님은 가르쳐도 잘 알아듣지 못하는 아이들에게 한계를 느껴서인지 도저히 너희들을 가르치지 못하겠다며 모형 시계를 교실 바닥에 내동댕이쳤다. 그 일이 있고 얼마 후 선생님은 다른 학교로 전근을 가셨다.

우리 반은 새로운 선생님이 오셨지만 오래가지 못했다. 어쩔 수 없이 교감 선생님이 반을 맡으셨다. 정수리가 훤하게 드러난 머리와 구부정한 어깨를 보며 아이들은 또 얼마나 가르치고 그만둘지 걱정스레 바라보았다.

교감 선생님은 다른 과목보다 음악 수업을 자주 하셨다. 풍금은 전교에 한 대여서 우리 반에서 음악 수업이 있는 날은 6학년들이 풍금을 옮기느라 구슬땀을 흘렸다. 교실에서 부르는 노래는 복도를 타고 울려 퍼졌다. "뻐꾹 뻐꾹 봄이 오네~~ 뻐꾸기 소리 잘 가란 인사 복사꽃이 떨어지네~~~." 말썽꾸러기 아이들과 등굣길에서 즐겨 불렀던 노래는 새록새록 되살아나 어느새 동요를 따라 부르고 있었다.

시골 아이들은 머리에 기계충 자국이 많았다. 손등 또한 터서 땟국이 줄줄 흘렀다. 햇살이 유난히 따스한 날 개울가로 가 손을 물에 불려 까슬한 돌로 박박 문질렀다. 누런 이를 드러내며 손등이 벌게지도록 때를 씻고 나서는 개울에서 한참을 놀기도 했다. 가끔 꿈속에서도 이러한 장면이 나타나니 유년의 기억은 오래도록 우리 곁에 머무는가 보다.

내가 장래 희망을 '선생님'으로 정한 데는 시골 학교에서 사랑으로 이끌어주신 선생님의 역할이 컸다. 돌이켜보면 우리를 가르쳤던 선생님도 열정이 강한 분이셨다. 학교를 떠나기 전에 시계 보는 법만이라도 확실하게 가르쳐 주고 싶었으리라. 선생님이 두 번이나 바뀌면서 혹시나 또 바뀌지나 않을까 하는 두려운 마음을 음악으로 치료해 주고 사랑으로 감싸준 교감 선생님은 오랜 연륜이 빚어낸 결과였다.

열악한 근무 환경 속에서도 끝까지 학생들을 포기하지 않고 가르쳐 준 선생님들이 있었기에 오늘의 우리가 있다. 선생님께 혼나고 집에 가서 부모님께 이야기하면 "너희들을 바른 인간으로 만들려고 한 것이다."라며 더이상 토를 달지 못하게 했다. 연세가 많은 동네 어른신들도 선생님을 보면 허리를 깊숙이 숙여 인사를 했다. 우리 아이들을 가르쳐 주어 고맙고 신뢰한다는 존경의 표현이었다.

요즈음 아이들은 부족함 없이 자라서인지 남을 배려하는 마음이 적고, 감성 또한 메말라 학생 지도에 어려움이 많다고 한다. 하지만 톡톡 튀는 발상과 순수함을 잃지 않는 아이들을 선생님이 잘 이끌어준다면 길이 없는 것은 아니다. 세월이 흘러서도 아이들의 기억에 남을 수 있는 선생님, 선생님을 그리워하며 감사하는 마음을 새기는 학생들이 있다면 학교는 신명나는 장이 될 것이다.

　꿈나무들을 가르치는 선생님들의 목소리가 더 카랑카랑하게 교실에 울려 퍼질 날을 기대해 본다.

노루 발자국

　함박눈이 내린다. 창문을 여니 거리는 온통 새하얀 옷을 입고 있다. 맞은편 지붕에도 눈이 소복이 쌓였다. 거의 눈이 오지 않는 우리 지역에 이렇게 눈이 펑펑 내리는 것을 보니, 얽힌 일도 술술 풀리고 좋은 소식도 날아들 것만 같다.

　눈이 오면 사람들은 동심으로 돌아간다. 특히 아이들의 경쾌한 소리는 잠자던 골목을 깨운다. 지나가는 사람들이 조심스럽게 내딛는 발걸음도 들떠 보인다.

　나뭇가지에 쌓인 눈은 마법의 가루다. 눈 때문에 거리는 더욱 운치 있고 사람들의 마음도 묘한 그리움으로 일렁인다. 눈이 내리는 광경을 한참 보고 있는데 아들이 쌓인 눈으로 인해 사람들이 다치면 어쩌냐고 걱정이다. 창문으로 내려다보니 이른 아침인데도 사람들이 지나간 흔적이 보였다. 아쉬움을 뒤로하고 집 앞의 눈을 치워야겠다는 생각에 빗자루를 챙겼다. 싹싹 싹싹 눈 쓸리는 소리가 잊힌 유년을 깨웠다.

아버지는 식구들이 일어나기 전에 쌓인 눈을 치우셨다. 작은 오빠와 난 이불을 돌돌 감은 채 방문을 열고 쓸려 없어지는 눈을 아쉬워하며 바라보았다. 그때 오빠는 뭔가 생각난 듯 산에 가야겠다고 서둘렀다. 꿩과 노루를 보려면 눈 온 날이 제격이란다. 눈 위에 난 발자국을 따라가면 발견할 확률이 높다고 했다.

오빠는 철사와 콩을 준비하여 집을 나섰다. 철사는 노루가 다니는 길목에 목줄을 해 놓고, 콩은 안을 조금 파서 약을 넣고 촛농으로 막아 꿩이 잘 다니는 곳에 뿌려 놓는다. 나도 따라가고 싶었지만 오빠는 늘 혼자 다녔다. 그런데 한번은 눈이 많이 온 날 오빠를 졸라 같이 산에 간 적이 있다.

뒷산에 오르니 나무가 눈송이를 주렁주렁 매달고 금방이라도 떨어질 것 같았다. 때때로 우지직 가지 부러지는 소리에 놀라 오빠에게 착 달라붙었는데 눈이 녹기 전에 빨리 가야 한다며 걸음을 재촉했다.

뽀드득 뽀드득 눈밭을 지나고 산등성이를 넘었다. 다리가 아파 걸음이 느려질 즈음 노루 발자국을 발견했다. 오빠는 흥분하여 불과 몇 시간 전에 노루가 내려왔다며 발자국을 따라갔다.

"오빠! 노루를 왜 잡으려고 해?"

"노루 뼈가 관절에 특효약이다."

평소에 고기를 먹지 못하는 집안 형편을 잘 아는 오빠는 아픈 다리를 끌고 일하시는 아버지를 위해 노루를 약으로 해 드리고 싶었던 것이다.

오늘은 무슨 일이 있어도 찾아야 한다며 걸음을 재촉했다. 하지만 노루를 발견하기란 쉽지 않았다. 추위를 조금이라도 피해 보려는지 눈싸움을 하자고 했다. 내가 눈을 뭉쳐서 던지면 오빠도 개구쟁이처럼 더 큰 눈뭉치를 던졌다. 슝슝 날아다니는 눈 사이로 겨울 햇살이 반짝 빛났다. 눈싸움을 하는 사이 내 옷은 어느새 축축하게 젖어 들었다.

오빠는 조금만 가면 꿩이 노는 모습을 보여준다며 징징거리는 나를 달랬다. 빛깔이 유난히 고왔던 수꿩을 볼 수 있다는 생각에 추위와 싸우며 산을 넘었다. 하지만 가도 가도 끝없이 펼쳐지는 산에서 야속하게도 꿩은 보이지 않았다.

태양은 구름 속으로 자취를 감추고 눈 온 뒤의 차가운 산바람이 얼굴과 손을 사정없이 후려쳤다. 나는 배고픔과 피로가 몰려와 다리에 힘이 풀렸다. 오빠는 하는 수 없었는지 등을 내밀었다. 업히자마자 잠이 들어 어떻게 산을 내려왔는지 기억이 가물가물하다.

　오빠는 어릴 때부터 손재주가 좋았다. 나무를 깎아 군함을 만들고 꼬마전구를 연결해 불이 반짝이게 연결했다. 얼어붙은 강가에서 썰매를 타고 싶다고 하면 내가 탈 썰매를 재빠르게 만들어 주었다. 무엇이든 오빠 손을 거치면 뚝딱뚝딱 태어났다. 꼭 미다스의 손 같았다. 성격도 다정다감하여 사회에 나가서도 인정받으며 잘 생활하는 듯했다. 그러나 갑갑한 도회지에서 적응하기가 힘들었는지 몇 번이나 회사를 그만두고 집으로 내려왔다.

　어느 해인가 고향 집에 갔을 때 구수한 냄새가 진동했다. 석유곤로 위 프라이팬에는 이름 모를 고기가 있었다. 소금을 뿌려 구운 고기를 자꾸만 아버지께 드시라고 하는 모습에서 방황은 막을 내리는 듯싶었다. 관절염을 앓고 계신 아버지를 위해 오빠는 눈 오는 날이면 노루 발자국을 따라 온 산을 헤매고 다녔던 것이다.

　오빠는 고향에서 살고 싶어 했다. 그러나 아버지가 집을 정리하고 서울에 사는 큰오빠 집으로 가셨기에 그렇게 할 수 없었다. 안식처가 없어진 오빠는 향수병을 앓았다. 막내라고 사랑을 독차지하며 자란 나와는 달리 아버지의 완고함으로 사사건건 부딪치는 일이 많았다. 오빠는 도시에 살 때, 고향에서 열리는 동창회에 자주 참석했다. 그러나 어머니가 계시지 않은 집은 허전한 마음을 채워주기는 부족했을 것이다.

늦은 나이에 좋아하는 사람을 만나 잘사는가 싶었는데 사고 소식이 날아들었다. 부모님이 돌아가셨을 때보다 더한 충격이었다. 유품을 정리하는데 내 사진이 가장 많이 나왔다. 환하게 웃고 있는 오빠 사진은 차마 태우지 못하고 아직도 간직하고 있다.

다 쓸고 난 눈 위로 다시 함박눈이 내리는가 싶더니 이내 진눈깨비가 내린다. 무엇이 그리 바빠 서둘러 우리 곁을 떠난 것일까. 질척이는 땅이 갈 곳 잃은 내 마음 같다. 눈 오는 날이면 어김없이 떠오르는 기억 저편에 오빠가 있다. 하늘나라에서도 눈이 오는 날이면 노루 발자국을 찾아 산을 헤매지는 않는지…. 환하게 웃고 있는 모습이 눈발 속에 흩어진다.

야생화를 닮은

 그녀의 남편이 신문에 실렸다. 한자 사범 시험에 좋은 성적으로 합격했다는 소식이었다. 평소 한자 공부를 열심히 하는 건 알았어도 그 정도인 줄 몰랐다. 이런 영광이 주어지기까지는 음으로 양으로 내조한 그녀의 역할이 무엇보다 컸으리라.
 지천명을 바라보는 그녀가 결혼한다는 소식을 알려왔을 때는 신선한 충격이었다. 아니 누가 마음을 낚아챘는지 궁금했다. 피아노를 가르치며 항상 새로운 것을 배우러 다녔다. 바쁜 중에도 가정형편이 어려운 아이는 무료로 가르쳤고 봉사 활동도 꾸준히 실천해 오고 있었다. 주말에는 전국의 산을 누비며 이름 모를 야생화를 찾아다녔다.
 그녀와 나는 늦은 나이에 공부하면서 만났다. 그녀는 음대 작곡과를 졸업했지만 장애를 가진 아이들을 가르치면서 전문적인 지식이 필요해, 나는 새로운 직업을 찾기 위해 입학했다. 우리는 시험이 끝나는 날이면 교외로 나갔다. 그날도 중간고사를 치른 후 머리도 식힐 겸 바람을 쐬러 갔다.

봄이라 벚꽃이 거리에 내려앉고 있었다. 북부순환도로에 접어드니 샛노란 개나리가 노곤한 햇살을 받아 가지를 죽죽 늘어뜨렸다. 꽃의 자태가 마음을 앗아가서인지, 밝은 햇살 때문인지 그녀는 지나온 삶에 대해 띄엄띄엄 이야기하기 시작했다.

순탄하지 않았던 삶과 아버지에 대해 이해할 수 없었던 부분들, 진정한 사랑에 대한 확신이 없어 아직도 미혼으로 있는 것 등 쉽게 말할 수 없는 사연을 담담히 말했다. 나 또한 엄마의 부재로 인해 가고자 하는 길이 늦어진 점과 가정환경으로 인해 사랑의 아픔을 겪은 점 등을 털어놓았다. 그날은 봄바람이 우리를 들뜨게 했으며 서로를 좀 더 알아가는 계기가 되었다.

천상에 도착하여 문수산에 올라갈 채비를 하였다. 산에 갈 줄도 모르고 따라나섰던 나는 신발이 없어 그녀가 트렁크에 여벌로 싣고 다니던 신발을 빌려 신었다. 치수가 자로 잰 듯 꼭 맞았다. 왠지 마음이 통하는 듯했다. 문수산을 여러 번 올랐어도 천상 쪽으로 올라가기는 처음이었다. 나무는 햇볕을 많이 받지 못해서인지 나지막했다. 그중 연둣빛 소나무는 마치 분재용

소나무를 옮겨 놓은 것처럼 아담했다. 폭신한 땅에서 올라오는 따뜻한 기운과 솔향기의 어우러짐은 시험의 스트레스를 날려버리기에 충분했다.

그녀는 한참을 올라가다 잠깐씩 걸음을 멈추고 산에 핀 야생화에 대해 설명했다. 노루귀와 제비꽃이 기억에 남는다. 가느다란 줄기에 매달린 꽃은 감탄사를 자아내게 했다. 그렇지만 어쩐지 애처로워 보였다. 행여 지나가는 등산객의 발에 밟혀 흔적도 없이 사라지지 않을까 걱정되어 자꾸만 뒤돌아보았다. 그날 정상까지는 가지 못했으나 풋풋한 그녀의 모습을 엿볼 수 있었다.

그 후 우리는 가끔 산을 찾았다. 그럴 때마다 야생화에 대해 많이 가르쳐 주었다. 그녀는 움직이는 식물도감이었다. 예쁜 꽃을 피우는 금낭화도 그때 처음 알게 되었다. 공부한 것을 자꾸만 잊어버려 좌절하고 싶을 때마다 서로 위로하며 견뎠다. 학기 중에도 그녀는 봉사활동을 꾸준히 했다. 나는 가족 뒷바라지와 학점 관리에 봉사란 엄두를 내지 못하고 그녀가 하는 봉사에 대해서도 관심을 두지 못했다.

방학 중에 그녀가 결혼한다는 소식을 들었다. 어떤 분일지 궁금했다. 결혼할 상대는 그녀가 시각 장애인을 위해 차량 봉사할 때 만난 분으로 몇 년 동안 함께 다니며 마음을 굳히게 되었단다. 결혼한 이유에 대해 물으니 "평생 봉사를 실천하기 위해서."라고 했다. 결혼을 하기 전 그녀는 시어머니를 뵌 적이 있었는데, 이젠 편히 눈을 감을 수 있게 해 주어서 고마워하셨단다. 다른 사람의 눈이 되어 살아간다는 것이 쉬운 결정은 아니었을 텐데…

 결혼 후 그녀의 집을 방문했다. 남편은 너무나 온화한 분이었다. 갖가지 화초가 베란다와 거실 곳곳에 그득했다. 그녀는 학과 공부를, 남편은 한자를 공부하고 있었다. 큰 컴퓨터 모니터에 한자를 크게하여 한 글자씩 띄워놓고 연습한단다. 시각 장애를 가졌기에 그렇게 해야만 희미하게나마 보인다고 했다. 그땐 저렇게 해서 언제 한자를 다 익힐지 마음이 쓰였다.

 그런데 일반인의 한자 급수가 아닌 사범 시험에 좋은 성적으로 합격했다니 믿어지지 않았다. 긴 시간 한 자 한 자 연습하고 또 연습했을 모습에 고개가 절로 숙여졌다. 얼른 전화를 돌려 축하 인사를 했다.

 지금 그녀는 대학원을 졸업하고 대학에 강사로 나가고 있다. 남편은 공부하면서도 틈틈이 하프 마라톤 대회에 참가한다. 시간 날 때마다 부부가 함께 달리기 연습을 한단다. 그녀는 남편이 달릴 때 앞에서 길 안내자 역할을 한다. 그 결실로 마라톤 대회에 참석해 받은 기념 메달이 벽에 많이 걸려있었.

 야생화의 강인한 생명력이 그들 부부에게 옮아간 것이리라.

봄에 일찍 꽃을 피우려고 긴 겨울을 견디듯, 어떤 시련이 와도 그들 부부의 사랑은 깊이 뿌리를 내릴 것이다.

광장에서

주위에 어둠이 내리면 공원이나 광장엔 가볍게 운동하러 나오는 사람들이 많다. 혼자 나오는 사람도 있지만 더러는 개와 함께 나온다.

개는 덩치가 큰 것부터 작은 것까지 종류도 다양하다. 앙증맞은 개가 귀여운 짓을 할 때면 환호하는 소리가 광장에 울려 퍼진다. 그 소리를 듣고 개 주인들은 어느새 한자리로 하나둘 모이기 시작한다. 애견 동호회인지 아니면 운동을 나와 자연스럽게 만난 것인지 이미 친숙한 사이인 것 같다.

광장을 걷다 개 짖는 소리가 요란하여 돌아보니 개들이 광장을 뛰어다니고 있다. 한 마리도 아니고 여러 마리가 동시에 목줄을 풀고 달린다. 나는 걷던 걸음을 멈춘다. 심장이 심하게 요동친다. 혹시라도 덤벼들면 어쩌나 하는 조바심이 일기 때문이다. 그렇지만 개 주인들은 아랑곳하지 않고 플라스틱 같은 고리를 멀리 던진다. 개들은 순식간에 뛰어가서 물고 온다. 그것을 끝없이 반복하며 흐뭇한 표정이다. 그렇지만 내 발걸음은 점점 힘이 빠진다. 개를 피해 신경 쓰며 걷다 보니 걸음이 자연히 느려진다. 언제부터 우리는 개와 이렇게 친숙한 사이가 되었을까.

  어린 시절 우리 집에도 개를 키웠다. 마당 입구에 얌전히 있다가 학교에서 돌아오면 다리를 세워 껑충껑충 뛰면서 나를 반겼다. 집에 아무도 없는 날이면 동무가 되어 주고 낯선 사람에게서 지켜주는 든든한 파수꾼이었다. 그렇지만 새끼를 낳을 때는 예민해져서인지 가까이 다가가면 경계를 드러냈다. 아버지는 우리에게 조심하라고 이르며 강아지가 조금 클 때까지 접근을 금했다. 그때는 꼭 낯선 개 같아 무서웠다.

  나는 귀여운 강아지가 보고 싶어 멀찍이 떨어져 개집 안을 들여다보았다. 꼬물꼬물한 강아지가 엄마 젖을 먹느라 한창이었다. 눈도 뜨지 못한 강아지들이 서로 젖을 차지하겠다고 자리다툼을 벌였다. 힘 약한 놈이 젖을 못 찾아 헤매면 나는 아버지의 말도 잊은 채 젖을 먹도록 해 주었다. 새끼를 낳은 어미개를 위해 아버지는 냄비에 생선을 삶아 밥에 말아 주며, 사람이나 짐승이나 새끼 젖을 먹이려면 어미가 잘 먹어야 한다고 하셨다.

무럭무럭 자란 강아지는 마당에 나와 걸어 다닐 정도가 된다. 그 모습을 보고 있으면 귀여워서 웃음이 떠나지 않는다. 그렇지만 그런 시간은 길지가 않다. 먹성 좋은 강아지를 다 키울 수 없어서 다른 곳으로 보내야 하기 때문이다. 이별을 아쉬워하는 우리에게 아버지는 제일 마음에 드는 강아지를 눈여겨봐 두라고 하셨다. 점 찍어둔 강아지를 제외하고 나머지는 다른 집으로 하나둘 옮겨 갔다. 어미 개는 새끼가 떠나는 모습을 지켜보며 어떤 마음이었을까. 그런 날은 왠지 측은하여 오래도록 곁에서 놀아주었다.

어느 날 보지 않아야 할 모습을 보고 말았다. 학교에 가기 전 오토바이를 탄 개장수가 왔다. 미리 이야기된 것인지, 즉석에서 판 것인지는 알 수 없었으나 개를 철창에 실으려고 했다. 나는 놀란 눈으로 바라보았다. 그 좁은 우리에 들어가지 않으려고 발버둥 치는 모습이 너무나 애처로웠다. 어떻게 학교에 갔는지 모른다. 학교에 가서도 정들었던 개가 자꾸 생각나 우울했다. 집에 왔는데 개집이 비어 있었다. 나는 한동안 아버지에게 투덜거렸던 것 같다. 만남과 헤어짐에 대한 이야기를 해도 귀에 들어오지 않았다.

며칠 뒤 강아지 한 마리가 우리 집에 왔다. 이웃집으로 분양 간 것이 다시 온 것이다. 어미 개를 판 것은 더이상 개를 키우지 않으려는 것인데, 우리를 위한 아버지의 배려였다. 나는 가끔 그날의 기억이 떠오를 때면 아직도 마음 한구석이 아려온다.

 어느 날 집에 내려갔을 때 개집은 텅 비어 있었다. 늘 잔반을 챙겨줘야 하는 게 부담스러웠을 것이다. 혼자 계시는 아버지에게 적적함을 덜어줄 동물이라도 있었다면 그나마 덜 외로웠을 텐데….

 멈출 줄 모르는 개들의 율동과 짖는 소리는 광장에 울려 퍼진다. 달리며 신이 난 개는 짖는 수위가 높아간다. 참다못해 조심스럽게 목줄을 푼 견주에게 다가가 목줄을 채워달라고 이야기하자 "우리 개는 물지 않는다."라고 한다. 물론 주인을 무는 개는 많지 않을 것이다. 그러나 낯선 사람은 공포를 느낀다. 특히 트라우마가 있는 사람은 애완견으로 다가오지 않는다.

 요즘은 홀로 사는 사람이 많아서인지 날이 갈수록 반려견을 입양하는 사람도 늘어간다. 예전처럼 사람이 먹다 남은 것이 아닌, 전용 사료가 나오고 거기에 맞는 용품을 쉽게 살 수 있어서 일 것이다. 반려견을 사랑하는 만큼 이웃에 대한 예의도 중요하다. 종종 벌어지는 개물림 사고는 남의 일이 아니다. 내 개도 충분히 그럴 가능성이 있다는 인식을 가져야 한다. 좋은 만큼 책임이 필요하다. 입마개를 씌워 엘리베이터를 타고 꼭 목줄을 하고 개를 산책시켜야 한다. 방심은 금물이다.

예나 지금이나 충직한 개는 위기에 처한 사람을 구한 경우도 있고, 정서순화에도 도움을 준다. 현대인의 삶에 깊숙이 들어와 있는 반려견! 나의 행복이 다른 사람의 불행이 되지 않기 위해서는 서로 지켜야 할 선은 확실히 하는 게 건강한 사회로 가는 지름길이 될 것이다.

가면

안동 하회마을에 간 적이 있다. 다양한 탈을 쓰고 양반의 위선을 꼬집으며 한바탕 신명나게 판을 벌이는 모습이 인상적이었다. 얼굴에 쓴 탈은 웃고 있는데 말은 질펀했다. 구경하는 사람들도 그의 말과 행동에서 웃음보를 터뜨렸다. 나는 묵은 체증이 내려가는 것을 느끼며 오래도록 그 광경을 지켜보았다.

살다 보면 탈을 쓰고 한바탕 춤을 추고 싶을 때가 있다. 좋지 않은 일이 일어났을 때 더 그러하다. 얼굴을 가리고 춤을 추면 무슨 생각을 하는지 어떤 표정을 짓고 있는지 알 수가 없기 때문이다. 숨기고 싶은 일을 누군가가 꼬치꼬치 묻는다면 자리를 피하고 싶어진다. 속시원히 이야기를 털어놓고 마음을 내보이고 싶어도 그 일로 빚어질 여파를 생각하면 입을 다물고 만다.

오래전 남편이 사고를 당해 병원에 입원하게 되었다. 중환자실에서 한 달을 보낸 뒤 일반병실로 옮겼을 때 많은 사람이 병문안을 왔다. 모두 진심 어린 말로 걱정해 주었다. 그러나 시간이 흐를수록 남편의 존재는 사람들에게 잊혀갔다. 친척들도 하나둘 발길을 끊었고 친한 친구들도 더 이상 전화하지 않았다.

"정승 집에 개가 죽으면 사람들이 붐벼도 정승이 죽으면 발길을 끊는다."는 옛말처럼 누군가에게 도움을 줄 수 있을 때 존재감이 있는 것이지, 일방적으로 베풀어야 할 때는 거리감을 두기 마련이다. 세상 이치가 다 그럴 것이라 생각하다가도 씁쓸한 마음이 드는 건 어쩔 수 없었다.

하루는 마트에 갔다가 오는 길에 남편 친구를 만났다. 동창끼리 모임을 하다 결혼 후 자연스레 부부동반 모임이 되어 부인들과도 스스럼없이 지냈다. 더구나 아이들도 고만고만한 또래여서 더 각별했다.

모든 사람이 변해도 그 사람들은 변하지 않을 줄 알았다. 남편이 병원에 입원하고 있던 터라 당연히 안부를 물을 줄 알았다. 그런데 외면했다. 혹시나 해서 그 자리에 서 있었지만 잠시 나를 바라보다 자리를 피했다. 알 수 없는 노여움이 스멀스멀 올라왔다.

그 부부는 명절이 지난 후면 우리 집에 놀러 오곤 했다. 어른들과 같이 살아서인지 부인을 배려하는 마음이 남달랐다. 우리 부부는 그들이 오면 스스럼없이 맞았다. 여름철엔 계곡에서 며칠씩 함께 지내기도 했다. 그런 관계였는데 정말 믿기지 않았다. 하기야 무슨 말을 할 것인가. 남편이 긴 시간 병상에 있어도 오랫동안 연락없이 지내다 딱 마주쳤으니 당황했을 것이다.

다음날 전화가 왔다. 어제는 밤이라 잘 보이지 않았고, 출근 길이라 바빠서 그냥 갔다고…. 그 사람이 어떤 마음이었는지 나는 모른다. 차라리 어두워서 표정을 읽지 못한 게 위로가 되었다.

사람의 진심을 가늠할 수 있는 척도는 힘든 상황에 있을 때 상대가 어떻게 대하는지를 보면 알 수 있다. 남편이 병상에 있어 보니 그동안 관계를 맺어왔던 주위 사람들의 참모습이 보였다. 이제 남편이 병상에 있다는 것을 아는 사람은 그리 많지 않다. 깊은 마음을 공유하는 사람들만 안다.

처음엔 내 마음 전부를 보였었다. 남편이 어떤 상태이며 얼마만큼 차도가 있는지를 묻는 대로 이야기해 주었다. 그러나 시간이 지날수록 자꾸만 물어오는 사람들이 부담스러웠다. 여러 사람이 모인 곳에서 불쑥불쑥 남편의 근황을 물어와 곤혹스럽게 했다. 내가 몸이 불어도 남편이 곁에 없어서 그렇다고 하고, 묵묵히 일해도 격려보다는 독해서 잘 견딘다는 말을 내뱉었다.

이런 일을 겪다 보니 나름대로 어떻게 살아야 하는지를 터득하게 되었다. 먼 곳에 있는 사람이 안부를 물어오면 벌써 퇴원해서 일상생활을 하는 것처럼 말하고, 친척들이 물으면 다른 곳에서 근무한다고 말한다. 그렇게 하니 두 번 다시 남편의 근황을 묻지 않았다. 마음 다치지 않고 만만하게 보이지 않으려는 몸짓으로 이렇게 조금씩 얼굴에 한 꺼풀 두 꺼풀 가면을 쓰고 있다.

옛날 계급사회에서는 탈을 쓰고 자신의 감정을 표출했다. 하지만 나는 마음속의 울분을 감추려 가면을 쓴다. 자신의 감정을 추스르지 못하고 다 드러낸다고 해서 달라질 것이 없다면, 굳이 말로 뱉어낼 이유는 없다. 가면을 쓰고 마음을 감추고 살면 된다. 남편이 병상에서 털고 일어나는 날 가면을 벗고 심호흡을 크게 할 것이다. 그때 이런 시를 읽어주며 사람들에게 용기를 주고 싶다.

있잖아, 불행하다고
한숨짓지 마
햇살과 산들바람은
한쪽 편만 들지 않아
꿈은

평등하게 꿀 수 있는 거야

나도 괴로운 일

많았지만

살아 있어 좋았어

너도 약해지지 마

- 시바타 도요, 〈약해지지 마〉 전문

특별한 하루

바다가 한눈에 내려다보이는 곳이다. 어릴 적 같은 동네에서 자란 친구들이 모였다. 초등학교를 졸업하고 40년 만이다. 전국 각지에 흩어져 살고 있어 한곳에 모이기는 쉽지 않았다.

모임 장소는 고향 바닷가에 인접한 친구가 하는 민박집이다. 어른들이 돌아가시고 대청마루 앞에 유리문을 달고 재래식 화장실을 편리하게 고쳤다. 무엇보다 마루에 서면 그림 같은 바다 풍경이 쭈욱 펼쳐지고 오른쪽으로는 끝없는 백사장이 보인다. 그 사이 드문드문 자리한 푸른 소나무도 눈길을 끈다.

친구들은 졸업하자마자 바쁘게 도시로 입성했다. 가난한 시골 살림에 대학 진학은 꿈도 꾸지 못했다. 일찍 객지로 나갔지만 하나같이 사회 적응력이 빨랐다. 산업의 역군으로, 간호조

무사로, 사무실 경리로 각자의 자리에서 성실히 일했다.

결혼도 스물대여섯을 넘기지 않았다. 남편들도 다들 고만고만한 기업체에 다니고 친구들을 잘 위해 주었다. 창포말 해맞이 공원 근처에 있는 청정지역에서 자라서인지 모두 건강한 아이를 낳아 별 탈 없이 지내왔다. 지금은 자녀들이 대부분 학업을 마치고 취업해 어엿한 사회인이 되었다.

이 모임은 내가 결혼할 무렵 각지에 흩어져 있는 친구들에게 연락이 닿아 시작하게 되었다. 사는 일에 발목이 잡혀 잠시 모임을 쉰 적도 있었지만, 아이들이 대학에 들어간 후 다시 만남을 이어오고 있다.

친구들은 서울, 울산, 경주, 포항 등 전국에 흩어져 살아 일 년에 겨우 한 번씩 만났다. 그런데 밥만 먹고 헤어지니 아쉽다며 하룻밤을 같이 지내기로 했다. 바닷가에 살았던 친구들의 입맛을 익히 알고 있던 터라 총무인 나는 생선회와 대게를 주 메뉴로 정했다.

어린 시절 기억이 새록새록 날 즈음 친구들이 하나둘 도착했다. 방 한가운데 상을 펴고 준비한 것을 차렸다. 아이스박스 포장지를 풀자 발갛게 익은 대게가 모습을 드러냈다. 보기만 해도 군침이 돌았다. 다들 한 마리씩 들고 다리와 등딱지에 붙어 있는 게살을 뜯었다. 인정 많은 친구는 멀리서 온 친구에게 게살을 발라주고 게장에 밥을 비벼 주었다. 대게를 얼추 먹고 난 후 회를 먹었다. 솜씨 좋은 친구가 물회를 만들어 놓으니 순식간에 동이 났다. 시원하고 새콤달콤한 맛은 어릴 때 먹던 기억이 되살아나 더욱 입맛을 돋우었다.

다들 포만감이 느껴질 즈음 노래방을 가자고 했다. 전화하니 승합차가 잽싸게 와서 우리를 싣고 갔다. 친구들은 다들 흥이 많다. 예전에도 직장생활을 하다 명절을 맞아 고향에 가면 약속이나 한 듯 한곳에 모여 커다란 녹음기를 가운데 두고 디스코 음악에 맞춰 흥겹게 놀았다. 친구 아버지가 우리를 위해 장소를 허락해 주었기에 가능한 일이었다. 얼마나 놀았으면 구들장이 내려앉아 고치느라 애를 먹었다고 하였을까. 그 일은 오랜 기간이 지났어도 미안한 마음이 든다.

노래는 끊어질 새 없이 계속되었다. 내숭 떠는 친구도 없었다. 노래 부르는 친구 주위로 빙 둘러서서 손뼉을 치거나 탬버린을 흔들었다. 살면서 쌓였던 찌꺼기는 걸러내고 복잡한 머릿속도 비워냈다. 몸은 중년을 향해 가는데 마음은 이십 대가 되어 풋풋함이 되살아났다.

밤이 깊어서야 우리는 자리에 나란히 누웠다. 그제야 마음에 담아둔 이야기를 조금씩 꺼내기 시작했다. 몇 년째 취업 준비한다는 친구 아들의 이야기에 머지않아 자리 잡을 거라며 서로 다독여 주었다. 시어머니를 모시고 사는 고충과 사업이 기울어 도피하다시피 타지로 떠나 이제 겨우 자리를 잡았다는 이야기 등 고민을 털어놓는 친구들 이야기에 귀기울이다 보니 날이 새는 줄도 몰랐다.

  수학여행 이후 처음으로 한 이불을 덮고 나란히 누워 이야기를 나누니 감회가 새로웠다. 자주 이런 자리를 만들자는 말에 한 친구가 앞으로 회비를 올려 해외여행도 가자고 한다. 누구 하나 반대하는 이가 없다. 나 역시 한때는 아무도 만나고 싶지 않았다. 그 힘겨운 시간을 건너온 게 아득하게 느껴진다.

  속삭이는 소리가 조금씩 줄어들더니 이내 코 고는 소리가 들린다. 잠자는 친구들 얼굴이 그지없이 평온하다.

소라게

지난여름, 큰언니 가족과 함께 서귀포 바닷가에 갔다. 그날따라 쪽빛 바다는 맑은 하늘과 잘 어울렸다. 숭숭 뚫린 바위 구멍으로 자유롭게 드나드는 게를 따라 얕은 물가를 찰방찰방 옮겨 다녔다. 게는 사람이 있는 걸 금방 알아차리고 요리조리 잘도 피했다.

한참 게를 쫓다 고개를 들어보니 저 멀리 언니가 보인다. 무엇을 발견한 것인지 고개를 숙인 채 바쁘게 움직인다. 등도 내려 갔다 올라갔다 하기를 반복한다. 한때는 저 가녀린 등에 동생들이 줄줄이 매달려 있었다.

산을 넘어가는 해가 주변을 붉게 물들인다. 언니도 저 노을처럼 황혼기에 접어들었다. 허리를 펴고 주위를 둘러본다. 지켜보던 내가 얼른 손을 흔들자 언니도 손을 높이 든다. 굽은 등을 보니 이제야 그 짓눌린 무게가 보여 콧날이 시큰해진다.

 어둠이 서서히 내리는 바다를 보며 일행은 해안으로 걸음을 옮겼다. 파도가 조금씩 높아지는 걸 본 조카들은 겁이 났는지 허둥대다 넘어졌다. 잔잔한 바다에서 조개를 잡을 때와는 다른 모습에 당황했던 모양이다.

 숙소로 돌아와 조개를 그릇에 담았다. 살아서 꿈틀대는 조개 사이로 게가 보였다. 단단한 껍질 안에 숨어 사는 소라게였다. 은신처가 필요한 게는 자신의 몸에 알맞은 소라껍데기를 골라 뒤집어쓰고 다닌다. 언니는 조개가 담긴 그릇을 물끄러미 들여다본다. 어쩌면 무심히 흘러온 시간을 더듬고 있는지도 모른다.

 언니가 서울에서 한창 꿈을 펼치다 시골로 내려온 것은 엄마가 돌아가시고 나서였다. 어린 동생들을 위해 집안 살림을 맡아야 했기 때문이다. 회사에 다니는 아버지를 대신하여 농사는 물론 겨울철엔 땔감을 마련하느라 추위 속에 험한 산을 오르내려야 했다. 그뿐만 아니라 밤에는 바닥이 해진 동생들의 양말을 깁느라 꾸벅꾸벅 졸기 일쑤였다.

 설 명절이 다가오면 동생들 목욕시키는 일을 제일 먼저 했다. 가마솥에 물을 끓여 큰 고무 목욕통에 가득 채우고 우리를 불렀다. 차례차례 들어가 몸을 불리면 때를 밀어주었다. 문틈으로 스며든 추위에 덜덜 떨며 한 목욕이었지만 언니의 손길 덕에 말끔한 모습이 되었다. 또한 십 리 길을 걸어가 제수 장을 보고 동생들의 설빔도 준비하며 엄마의 빈자리를 채우려 애썼다.

내가 결혼할 때도 학교에 다니는 자식들을 두고 울산에 내려와 혼수를 하나둘 챙겼다. 언니가 중앙시장에서 무거운 이불을 이고 내려올 때 미안해 하자 "엄마 없는 티 내지 말고 꿋꿋하게 살면 된다."라며 환히 웃었다. 그동안 여러 번 고비가 있었다. 그러나 언니의 말이 늘 귓전에 맴돌아 마음을 다독였다.

줄줄이 잇는 동생들로 인해 언니의 꿈은 모래알처럼 파도에 씻겨 나갔다. 마치 알맹이가 다 빠져나간 빈 소라껍데기처럼. 자신이 누려야 했던 것을 포기하고 넉넉한 품으로 우릴 감싸주기 위해 아무 조건도 내세우지 않는 희생이었다.

우리는 딱딱한 등딱지와 강력한 집게발을 가지지 못해 새들의 먹잇감이 되기 쉬웠던 어린 소라게였다. 그것을 피해 언니라는 소라껍데기 속에 오글오글 모여들었다. 단단한 껍질을 방패 삼아 기죽지 않고 세상을 향해 뚜벅뚜벅 발을 내디딜 수 있었다. 쓸모없다고 생각되던 빈 소라껍데기가 약한 게에겐 최고의 보호막이 듯, 엄마가 안 계신 우리에겐 넉넉한 품을 지닌 언니가 든든한 바람막이였다.

다음날 일행은 서귀포를 돌았다. 작은 배가 정박해 있는 항구에서 고향 바다를 그리며 이야기꽃을 피웠다. 이중섭 거리를 거닐며 사진을 찍고 기념품 가게도 기웃거렸다. 왈종미술관에서 밝고 화사한 색채에 매료되어 시간을 지체했다. 힘이 들어 벤치에 앉아 있는 언니 생각은 하지 못한 채 구경하기에 바빴다. 한참의 시간이 지나고 조카가 출발하자며 나를 찾았다. 그제야 아차 싶었다.

 와사풍이 훑고 간 흔적이 아직 남아 있는 언니는 지친 기색이 역력했다. 정방폭포를 향하려던 차는 멀미를 심하게 하는 언니로 인해 방향을 바꾸었다. 숙소로 와 안정을 취하니 조금 나아지는 것 같았다. 언니를 생각하는 건 마음뿐, 나는 늘 한발이 늦다.

 해풍을 오래 견뎌온 껍데기가 바스러지듯 언니는 몸이 성한 곳이 없다. 붉은 노을이 서서히 사라지듯 지금 그런 시간 위에 서 있다. 이젠 내가 언니를 보호할 때다. 소라게에게 알맞은 소라껍데기를 찾아 안온한 꿈을 꿀 수 있도록 선사하고 싶다. 은근하고 뭉근하게 봄볕처럼 그렇게 스며들도록.

3.
어부가

한남새

며칠 전 베란다에 이름 모를 새 한 마리가 날아들었다. 새벽 잠을 잘게 써는 새소리를 들을 때만 해도 설마 새가 날아들었으리란 생각을 못했었다. 널어놓은 빨래에 새똥이 묻어 있어도 좋았다. 새는 아직껏 내가 보지 못했던 생김새를 하고 있었다. 바깥 난간에 웅크리고 앉아 집안을 살펴보는 듯했다. 어미새였다. 새는 갈 곳이 마땅찮은지 한참을 내 눈빛과 마주쳐도 날아갈 생각을 않고 꼼짝없이 앉아 있었다. 행여 저승의 영혼이 다시 새鳥로 태어난 것은 아닐까 하는 의구심마저 들었다. 새는 나를 보는 듯했고 나 역시 한참이나 새를 보고 있자니 상념에 젖어 들었다.

언젠가 TV에서 보았는데, 티베트에서는 사람이 죽으면 독수리 떼에게 주검을 보시하는 풍습이 있다고 했다. 더구나 보시를 받은 독수리는 사자의 영혼을 하늘로 데려다 준다고 믿고 있었다. 그런 조장鳥葬은 실로 현세에 어떤 영향을 미치는 것일까. 새는 웅크려 앉은 탓인지 배가 유난히 불룩해 보였다. 창문을 열고 베란다를 내어 주고 싶었지만 혹시나 날아가 버리면 어쩌나 하는 아쉬움에 조용히 지켜만 보고 있었다.

유년 시절 우리 집은 방문만 열면 넘실대는 바다가 한눈에 들어왔다. 빗살무늬 부서지는 은빛 물결 사이로 해바라기, 분꽃, 봉선화가 부끄러운 자태를 뽐내기도 했다. 애기 업은 옥수숫대는 마당과 밭과의 경계를 구분 지어 주는 울타리 역할을 했고, 그 울타리를 칭칭 감아 오르며 초록 그물을 짜던 나팔꽃은 여름날의 아침을 늘 경이롭게 열어주었다.

아버지는 손재주가 남달랐다. 가지런히 쌓아 올린 뒷담은 심한 비바람에도 좀처럼 무너지는 법이 없었다. 새벽 일찍 일어나 집 뒤 산비알 밭에 서너 번씩 거름을 져다 내고서야 회사에 가곤 하셨다. 더구나 일손이 한가할 땐 멍석이며 망태기, 발 등을 매끈하게 엮어 이웃에게 나누어 주기도 했다.

하루는 내가 아버지의 일하는 모습을 지켜보고 있다가, "아부지요, 짚신도 만들 수 있능기요?"라고 묻자 뜻밖의 질문이 대견했던지 빙그레 웃으시며 손을 바삐 움직여 뚝딱 짚신 한 켤레를 만들어 주었다. 나는 말로만 듣던 짚신을 신고 이리 뛰고 저리 뛰며 좋아라 했던 기억에 코끝이 맹맹해진다.

늦둥이로 태어난 나는 가족 중에서 누구보다 많은 사랑을 받으며 컸다. 지금은 느티나무 밑동 같은 여인네가 되었지만 어릴 때는 몸이 약해 항상 아버지의 염려 속에 자랐다. 잔칫집에 다녀오시는 날이면 굴뚝 뒤에서 나직한 소리로 나를 불렀다. 얇게 썬 사과 조각과 떡 한 조각, 종이에 싼 울긋불긋한 과자를 혼자만 먹으라며 고사리 같은 손을 감싸기도 했다.

어부였던 아버지는 십 리나 되는 곳에 위치한 수협에 다니셨다. 당시 시골길 이동수단으로 각광받던 자전거. 한 대뿐이었던 자전거를 마다하고 아버지는 언제나 새벽길을 재촉했었다. 그 먼 길을 왜 자전거를 타지 않고 다니시냐고 물으면, "아부지는 자전거를 잘 못 탄데이. 니는 학교도 멀고 어리니까 인자 자전거는 우리 미자 꺼다. 알았제." 라며 등을 쓰다듬어 주셨다.

그 속 깊은 사랑도 모른 채 나는 학교며 온 동네를 신나게 자전거를 타고 다녔다. 철부지였던 그때를 생각하면 뭔지 모를 뜨거움에 울컥 목이 메여 온다. 그런 아버지는 퇴근 때 한잔 약주가 거나한 날이면 행복에 겨워 도시락을 흔들며 "아니~아니 노지를 못하노라, 얼씨구 지화자~." 하는 구성진 노랫가락으로 우리 가족의 이름을 부르며 마당으로 들어서곤 했다.

문득문득 자다가 일어나면 아버지의 담뱃불이 눈에 들어왔다. 엄마가 돌아가시고 긴 밤을 새우느라 한숨을 연기로 날려보냈던 이유를 그때는 몰랐었다. 결혼하고 아이를 낳고 살면서 아버지의 인생을 돌아볼 때 물밀듯이 다가오는 회환에 지금은 가슴만 아려올 뿐이다.

언제나 우리에게 내색하지 않으며 아픔을 삭이셨던 아버지! 인생의 무상함과 필름처럼 돌아가는 지난 삶의 궤적을 인내하느라 밤새 굵은 손마디로 끝없는 새끼줄을 꼬곤 했다. 그런 영문도 알지 못했던 나는 문고리에 새끼줄을 걸고 혼자 고무줄놀이를 하며 아기새처럼 쉴새없이 재잘거렸다. 그 때 아버지는 웃으시며 한 말씀만 하셨다.

"그래, 우리 한남새."

난 여지껏 한남새가 어떤 새인지 알지 못한다. 하지만 아버지에게 있어 나는 분명 귀하고 높이높이 날아오르는 새. '한남새'일 거란 생각을 해 본다. 그 새는 내 가슴속에 아로새겨진 가장 아름다운 새다.

어느새 베란다에 웅크리고 앉았던 새는 날아가 버리고 없었다. 아버지가 꼭 다녀가신 느낌이다. 내가 결혼한 뒤 일 년도 되지 않아 어머니를 만나러 떠나신 아버지. 맛있는 음식을 먹을 때나 옷을 사다 드리면, "너그 엄마는 이런 맛난 거도 먹어보지 못하고 이렇게 좋은 옷도 입어 보지 못했제. 실컨 고생만 하다가 …." 말끝을 흐리며 눈시울을 붉히던 아버지.

 임종이란 급보를 받고도 입덧이 심해 늦게서야 빈소 앞에 망연자실 앉아 있을 수밖에 없었던 나. 아버지는 눈을 감기 전 자식들에게 공부를 많이 시키지 못해서 미안해 하셨고 막내인 나는 앞가림 잘하고 살 것이라며 걱정을 하지 않으셨단다.

 정신적 지주였던 아버지는 지금도 먼 훗날까지도 내가 어디에 있든 이 한남새를 지켜보고 계실 것이란 믿음을 가진다. 그러기에 오늘도 나는 이 험난한 세상을 박차 오르려 힘차게 푸른 깃을 퍼덕이고 있는 것이리라.

어부가

시커먼 구름이 하늘을 뒤덮는가 싶더니 비가 세차게 퍼부었다. 바다도 곡예를 하는지, 파도는 식인 상어처럼 입을 쫘악 벌려 모래를 쓸어가 버렸다. 바람을 타고 온 비는 순식간에 대청마루를 점령했다. 번갯불이 번쩍, 이내 전기마저 끊기고 말았다.

두려움에 떨며 문을 열고 다른 집을 살펴보았다. 희미하게나마 드문드문 불빛이 보였다. 아무래도 두꺼비집 퓨즈가 끊어진 모양이었다. 식구들을 기다렸지만 아무도 오지 않았다. 이럴 때 아버지가 집에 있다면 어떻게든 해결해 줄 텐데….

깊이 각인된 유년의 기억이 수면 위로 떠오를 때가 있다. 하염없이 바다를 바라보거나 태풍이 온다는 소식이 들리면 더 그러하다. 아버지는 면 소재지에 있는 수협 소속 어부였다. 비바람이 부는 날이나 살을 에는 한겨울에도 십 리를 걸어서 다녔다. 아버지가 일하는 모습을 직접 본 건 중학생이 되고 나서다. 학교가 일찍 파하면 아버지를 볼 수 있을까 싶어 항구에 들렀다.

파도가 높거나 안개가 낀 날은 조업을 준비하고 계셨다. 굵은 실을 매단 나무 바늘로 그물을 꿰매거나 말린 그물을 도리깨로 내리치는 일을 했다. 맑은 날은 고기를 잡으러 나가서인지 아버지는 보이지 않았다. 그럴 때면 난 비릿한 냄새가 풍기는 선착장을 서성이며 정박해 있는 배를 찬찬히 들여다보았다. 무수한 집어등을 달고 있는 배가 신기하여 선주에게 물어보니 오징어 잡이 배라고 일러주었다. 캄캄한 밤에 바다를 훤히 밝히던 것이 졸조름히 매달린 집어등 불빛이었다는 걸 그때 알게 되었다. 육지에서 보면 바다를 수놓은 화려한 빛이지만 어부의 삶은 고단한 일상의 연속이었다.

어느 날 조업을 나간 배가 들어오는 걸 때마침 보았다. 생선을 실은 배가 선착장에 도착하자 어부들이 일렬로 늘어섰다. 아버지의 모습도 보였다. 잡아온 생선을 옮기는 작업은 한참 시간이 걸렸다. "어야디야 어야디야, 어야디야 어야디야…." 리듬을 타며 노래를 불렀다. 손을 번갈아 가며 그물을 탁탁 털면서 당기면 그물에 걸렸던 은빛 멸치가 공중제비를 했다. 배와 바닷물 사이에 걸쳐 놓은 그물에 멸치가 수북이 쌓여갔다. 시간이 지날수록 힘에 부쳐서인지 노랫소리는 갈라지고 쉿소리가 들리기도 했다. 가빠(눈 비를 막기 위해 덮는 방수포 따위로 만든 덮개)에 달라붙은 은비늘은 햇빛을 받아 반짝였지만 내 마음은 점점 무거워져 갔다. 굵은 주름이 잡힌 얼굴로 젖은 그물을 힘겹게 끌어당기는 모습을 볼 때면 뭔지 모를 서글픔이 일었다. 그 후 선착장에 가는 걸 차츰 꺼리게 되었다.

만선의 깃발이 오르는 날은 아버지의 귀가가 늦어졌다. 술을 거나하게 마신 아버지는 밤길을 혼자서 터덜터덜 걸어서 오셨다. 자전거를 타고 먼저 온 동네 사람들이 아버지의 상태를 알려주면 언니와 오빠는 마중을 나갔다. 나는 집에서 식구들을 기다릴 때면 괜한 조바심이 일었다. 술에 취한 사람이 이상한 빛에 끌려 화장골로 들어가 빠져나오지 못했다는 이야기는 동네에서 소문이 자자했다. 그 상상을 하면 머리가 쭈뼛 섰다. 아버지마저 없는 집은 생각조차 하기 싫었다. 뿔뿔이 흩어진 가족들의 이야기가 남의 일 같지 않았다.

그때 마음을 진정시킨 건 수평선을 따라 길게 비치던 서치라이트였다. 비가 오거나 안개가 낀 밤에는 오래도록 해안가를 비추었다. 조금 높은 곳에 있던 대형탐조등 옆에는 항상 군인들이 자리하고 있었다. 경계근무를 서는 군인들이 비추는 긴 파장의

빛은 아버지의 길눈이 되어 주었다. 그 불빛을 보면 무사히 올 것이란 믿음이 생겼다. 희미한 백열등 하나를 걸어놓고 살던 시골 마을에 밝디밝은 불빛은 안도의 빛이었다.

 살짝 잠이 들었다가 수런거리는 소리에 깨어나면 아버지는 어느새 집에 와 있었다. 도시락을 싸 간 보자기에는 그날 잡은 생선이 그득했다. 고등어와 명태, 오징어가 대부분이었고, 가끔은 가오리와 대구, 도루묵도 있었다. 술에 취해도 자식들에게 먹일 생선이라서 그런지 한 번도 잃어버린 적이 없었다. 평소에 말이 없던 아버지는 그런 날이면 이야기가 길어졌다. 우리는 눈을 초롱초롱 빛내며 밥상머리에 앉아 아버지의 무용담을 들었다. 어떻게 해서 생선을 많이 잡았으며 오늘 잡은 생선은 어부들에게 어떤 셈법으로 돈이 배당되는지 주로 조업에 관한 이야기를 풀어놓으셨다. 가끔 흥겨운 노래를 부르곤 했는데 반복해서 듣다 보니 어느새 귀에 익어 나도 따라 부르게 되었다.

 아버지의 전성기는 그때까지였다. 내가 중학교 졸업을 할 즈음 퇴직하고 동네에서 조그마한 배를 타게 되었다. 아버지를 보기 위해 선착장으로 가면 그물에 걸린 게를 벗기고 있었다. 발이 많이 달린 파닥거리는 게를 떼어내는 모습은 무척 힘들어 보였다. 어서 커서 아버지의 짐을 덜어 주고 싶었다. 그 후 몇 년 더 배를 탔고 미역 채취하는 일을 끝으로 어부의 길은 막을 내렸다.

 아버지는 바다에서 한평생을 보냈다. 야누스의 얼굴을 한 바다는 삶의 터전을 마련해 줌과 동시에 시련의 무대였다. 광활한 바다에서 거친 파도와 싸우며 생사의 갈림길에 설 때도 있었다. 그러나 해안을 곧게 비추던 서치라이트처럼 자식들을 밝히는 불빛이 되어 오직 한길을 걸어오셨다.

 이제 아버지는 검푸른 바다를 뒤로하고 먼 여행을 떠났다. 그렇지만 '어야디야 어야디야' 어부의 노래는 삶의 고비마다 나를 일으켜 세우는 북소리가 되었다.

숫돌

싱크대 한쪽에 있는 숫돌이 눈에 들어온다. 반듯한 직사각형 모양에 겉면이 꺼칠꺼칠하다. 무뎌진 칼을 꺼내 쓱쓱 문질러 본다. 지나간 자리에 검회색 가루가 묻어난다.

숫돌은 얼마 전 칼이 잘 들지 않아 구입했다. 다른 사람의 손을 빌리지 않아도 손쉽게 사용할 수 있을 것 같아서다. 그러나 재래식 숫돌과는 비교가 되지 않는다. 좀 번거롭긴 해도 진중하게 시간을 들인 연장은 오래도록 사용해도 잘 무뎌지지 않는 반면, 현대식 숫돌은 빨리 무뎌지는 것이 흠이다.

우리 집은 농기구가 많았다. 그중에서 가장 많이 사용하는 것이 낫이었다. 아버지는 모두가 곤히 자는 꼭두새벽에 거름을 지고 밭으로 가셨다가 우리가 깨어날 즈음 집으로 오셨다. 인기척에 문을 열면 어느새 숫돌 앞에서 낫을 갈고 계셨다. 연장을 미리 손질해 놓기 위함이었다. 그 시간이 되면 어떻게 알았는지 이웃 사람들이 마당에 들어서곤 했다. 무딘 낫으로 일하면 능률이 오르지 않고, 자칫 다칠 수도 있기에 미리 벼려 두려는 것이었다.

아침에 연장을 들고 오는 사람은 큰어머니를 비롯하여 이웃 아주머니들이었다. 집에서 갈면 얼마 지나지 않아 잘 들지 않는다며 미안한 마음에 넋두리하며 들어섰다. 아버지가 낫을 건네받으면 난 잽싸게 물을 떠서 숫돌 옆에 놓았다. 틀에 고정된 숫돌은 아주 견고해 보였다. 뚝심 좋은 아버지를 닮은 듯 변함없이 그 자리를 지켰다.

아버지가 쓱쓱 싹싹 연장을 가는 동안 나는 옆에서 기다렸다. 정성을 다하는 그 모습이 좋아 보였다. 낫을 갈다가 날이 잘 섰는지 손으로 예리한 부분을 더듬을 때 혹시라도 손가락이 베일까 봐 마음을 졸였다. 날카로운 날도 훈장과도 같은 굳은살을 넘볼 수는 없었던지 한 번도 베인 걸 본 적이 없다. 아버지는 몇 번이고 잘 갈렸는지 확인하고 나서 주인들이 기다림에 지칠 즈음 낫을 건네주었다.

"아이고, 즈그 아제요. 역시 최곱니더. 한참은 잘 쓸 수 있겠니더." 아버지의 벼림 솜씨가 괜찮았던지 사람들은 또다시 찾아

오곤 했다.

집 주변에는 너른 밭이 있었다. 밭 가장자리는 옥수수나 수수를 심었다. 붉은 수숫대는 윗부분을 베어 말린다. 낫이 잘 들어야 단번에 벨 수 있다. 난 대청마루에서 아버지가 이삭을 탁탁 쳐내는 모습을 지켜보곤 했다. 일도양단, 아버지가 무사처럼 보였다. 아버지를 생각하면 그 모습이 어제 일인 양 선명하게 그려진다.

결혼 후 수돗가에서 낯익은 숫돌을 보았다. 시댁도 벼농사와 밭농사를 지었으니 당연히 필요했을 것이다. 그런데 숫돌 옆에는 항상 어머님이 계셨다. 숫돌은 남자들의 전유물로 여겨온 나로서는 좀 당황스러웠다. 몸도 불편하신 분이 낫을 가는 모습에 자꾸만 마음이 쓰였다. 아버님이 편찮으셔서 그런지 어머님은 익숙한 솜씨로 낫을 갈고 칼을 갈았다.

내가 "아범에게 갈아 달라고 하세요." 말하면 어머님은 "날이 서지 않는다." 했다. 아들이 갈아주는 것조차 탐탁지 않았던 모양이다.

세월이 지나 어머님을 회고하면서 남편은 날 세워 연장을 잘 갈아주면 아픈데도 농사를 계속 지을까 봐 그랬다고 슬쩍 말을 던졌다. 정말 어머님을 위한 나름의 배려였는지, 날을 세우지 못했던 변명인지 잘은 모른다. 그래도 병석에 계신 아버지를 대신해 힘겹게 농사짓는 어머니를 생각하는 마음이 조금은 자리했을 것이다.

어느 날 고향집에 내려가니 마당에 있는 숫돌이 눈에 들어왔다. 함께한 세월을 말해 주듯 가운데가 움푹 패 물이라도 한 사발 담길 것 같았다. 추수를 다 끝낸 텅 빈 들판의 볏짚처럼 쓸쓸히 마당을 지키고 있었다. 아버지의 노쇠한 모습과 다름없었다.

시댁에 있던 숫돌도 마찬가지다. 어머님의 지병이 덧나 농사에서 손을 떼고 별 쓰임이 없어지자 자취를 감추었다. 한창 젊은 날, 퍼렇게 날을 세워 거침없이 일하던 어머님의 모습이 사라지듯이.

숫돌도 시대를 닮아가는 것일까. 지금은 마당 어귀에 앉아 오래도록 갈아야 하는 게 아닌, 편리한 도구를 사용한다. 현대인의 삶을 대변하듯 단번에 문질러 사용할 수 있다. 그러나 빨리 단 것은 빨리 식는 것일까, 이내 무뎌진다. 천천히 날을 벼려 농번기에 맹활약했던 낫도 그 쓰임이 점점 줄어들었다. 가벼운 숫돌마저도 이젠 부엌에서 어쩌다 쓸 뿐이다.

동트는 새벽 숫돌 앞에서 진중하게 연장을 갈던 아버지가 가끔 생각난다. 그럴 때면 허둥대는 내 삶을 되돌아보게 된다. 예전의 숫돌이 있다고 해도 느긋해질지 모르겠지만 말이다.

대바늘뜨기

칼바람이 이는 밤이면 아버지는 대바늘뜨기를 하셨다. 구부정한 어깨너머로 한 코 두 코 주워 올리는 색색의 실들이 알전구에 빛났다. 까무룩 자고 일어나 눈을 비비고 보면 여전히 코를 줍고 계셨다.

대바늘에 매달린 무수한 코가 희미한 전등 아래 흔들렸다. 한 코를 줍고 풀 때마다 아버지는 어떤 생각을 하였을까. 손수 자신의 속바지를 뜨면서 긴긴 겨울밤의 시름을 달랬는지도 모른다.

아버지는 작은방에 고구마 뒤주를 만드는 걸 시작으로 겨울 준비에 들어갔다. 방 한쪽에 보릿대로 엮은 발을 빙 둘리고 그 안에 고구마를 넣었다. 담장 안쪽엔 군불을 땔 때 쓸 장작이 차곡차곡 쌓여가고, 광엔 씨앗 봉지도 졸조름히 매달아 두었다.

그 일이 끝나면 아버지는 대바늘을 만들었다. 나무를 가느다랗게 잘라 매끈하게 다듬은 후 한쪽 부분을 뾰족하게 만들어 불에 살짝 그을려 초를 칠했다. 그러곤 집안에 굴러다니는 털실을 모았다. 늘어난 목도리와 올이 빠진 장갑은 코를 풀어 실꾸리에 감았다. 뜨개질은 작은언니가 주로 했으나 당신이 입을 속바지만큼은 직접 떴다. 우리는 빨간 엑스란 내복을 입고 겨울을 지냈고, 아버지는 털실로 뜬 속바지로 겨울을 견뎠다.

아버지는 다섯 남매를 두었는데 어머니가 돌아가시자 어린 자식을 줄줄이 건사해야 할 상황이 되었다. 우리는 나이가 어려 아버지의 무거운 어깨짐을 덜어 주지 못했다. 새벽 일찍 도시락을 들고 십 리를 걸어가 일하고선 밤이 이슥해서야 집으로 오셨다.

새어머니가 집에 온 건 엄마가 돌아가시고 몇 해 뒤였다. 큰어머니의 주선으로 억척같은 여자가 들어왔다. 큰엄마가 누누이 타일러도 내 입에선 '엄마'라는 말이 나오지 않았다. 머리에 서캐가 일어 무릎 위에 머리를 대고 있으면 어서 달아나고 싶은 생각밖에 없었다. 이런 나에게 큰어머니는 닦달하셨지만 나는 점점 말수가 없는 아이로 변해갔다.

서울에 가 있던 오빠는 가끔 집에 다니러 오곤 했다. 그런데 괄괄한 성격의 여자는 우리가 말을 듣지 않으면 당장이라도 어떻게 할 듯 윽박질렀다. 오빠는 어쩌면 여자의 등쌀에 동생들이 잘못될지도 모른다는 위기감을 느껴서인지 아버지와 다투었고, 결국 여자는 집에서 나가게 되었다.

집안 살림을 할 사람이 필요하여 객지에 가 있던 큰언니가 고향집으로 내려왔다. 나는 언니가 집에 오고부터는 차츰 명랑한 아이로 변해갔다. 그렇지만 명절이 다가오면 언니는 눈물을 보이곤 했다. 새벽에 일어나 밥을 하여 아버지의 출근을 도왔고, 동생들을 학교에 보내고 나면 농사일이 기다리고 있었다. 한창 꿈을 펼칠 창창한 나이에 아버지를 보필하고 동생들을 건사하느라 허리 펼 날이 없었다.

아버지의 든든한 오른팔이 되었던 언니가 시집간 후 아버지는 웃는 날이 별로 없었다. 언니를 의지하고 산 세월이 고스란히 느껴졌다. 큰어머니는 언니의 빈자리를 메우기 위해 동분서주하셨다.

얼마 후 꽤 나이 든 여자가 왔다. 이가 빠지고 거무튀튀한 얼굴이었다. 국수를 삶아 이웃을 초대하고 한복을 맞춰주고 떠들썩한 잔치를 하는데 난 어디론가 숨고 싶었다. 여자는 얼마 지나지 않아 감쪽같이 열쇠를 손에 넣고 식구들이 없는 틈을 타

벽장을 열어 돈을 가지고 사라졌다.

아버지는 담담한 표정이었다. 벌건 얼굴로 달려온 큰어머니에게 이제 더이상 사람을 들이지 말라고 하였다. 그 후로도 큰어머니는 몇 번이나 발을 놓으려 했으나 아버지의 굳은 결심을 돌리지는 못했다.

그 즈음 아버지는 접어두었던 대바늘뜨기를 다시 하였다. 바닷바람을 이겨내기 위해서는 단단히 무장을 해야만 했다. 옷에 물이 스며드는 것을 막기 위해 입는 가빠 안에 속바지를 입어야 매서운 바람을 조금이라도 피할 수 있었다. 뜨개질하다 코를 놓치면 기껏 한 뜨개를 다시 풀었다. 그럴 때면 나는 풀어 놓은 실을 실꾸리에 감았다. 아버지는 옆에서 재잘거리는 내 모습을 지그시 바라보다 구멍 난 마음을 메우듯 뜨개질을 했다.

아버지는 환갑이 다 되어가는 나이에 늦둥이인 나를 공부시키기 위해 거친 파도와 싸웠다. 한겨울 바다에서 그물을 당기는 일은 살을 에듯 하였을 것이다. 손마디에는 언제나 무명실이 감겨 있었다. 평생을 바닷물에 손을 담그고 산 아버지는 손가락이 굽어 펴지지 않았다. 벌어진 손마디 틈을 무명실로 친친 감았다. 왜 반창고를 감지 않고 실을 감느냐고 물으면 반창고는 짠물이 묻으면 금방 떨어져서 안 된다며 엷게 웃으셨다.

아버지가 대바늘뜨기하던 겨울밤은 길고도 길었을 것이다. 강철 같은 바람 소리를 들으며 뜨개질을 한 건 세월을 낚는 방편이자 시름을 엮는 과정이었으리라. 나도 지금에 이르러 뒤척이는 밤이 길어질수록 아버지의 모습이 환영처럼 떠오른다. 곁에 계신다면 아버지와 도란도란 속 깊은 이야기를 나누고 싶다.

재봉틀

거실 한쪽에 얌전히 놓인 재봉틀에 눈길이 머문다. 어머님이 시집올 때 혼수품으로 가져온 것이다. 세월의 흔적을 말해 주듯 검은색 칠이 군데군데 벗겨져 있다.

부잣집 막내로 남부러울 것 없이 자란 어머님은 시집와서 적응하기가 무척 힘들었다고 하셨다. 낮에는 농사일과 새참 준비하랴, 저녁에는 길쌈하고 베를 짜 식구들 옷 지으랴, 그 힘겨움이란 지금의 나는 엄두도 못 낼 일이다. 그래도 재봉틀로 집안 식구들의 옷을 만들 때만큼은 사랑을 듬뿍 받으셨단다.

첫아이가 태어나고 얼마 되지 않아 아버님이 돌아가셨다. 텅 빈 집에서 어머님 혼자 계시는 게 염려돼 당분간 시골에서 함께 지내기로 했다. 그러나 미처 마음의 문을 열지 못한 상태에서 아버님의 빈자리까지 채워드려야 한다는 심적 부담이 컸다. 그러한 때에 방 한쪽에 있는 재봉틀이 눈에 들어왔다. 나는 이참에 어머님께 재봉틀 사용법을 배운다면 좀더 가까워지고 어색한 시간도 잘 견딜 것 같았다.

어머님은 기다리기라도 한 것처럼 실 꿰는 법과 재봉틀 돌리는 법을 몇 번이고 가르쳐 주셨다. 손으로 살살 돌리면 한 땀 한 땀 새겨지는 박음질이 신기하기만 했다. 어느 날 드디어 사각 보자기를 만들어 보라고 하셨다. 나는 서툰 박음질로 으스름이 내려앉는 줄도 모르고 재봉틀을 돌리고 또 돌렸다.

몇 달이 지나자 어머님은 혼자 지내도 된다고 하셨다. 나는 죄송하면서도 마음이 들뜨는 것은 어쩔 수 없었다. 하지만 아기 옷과 장난감을 챙기며 눈물을 흘리는 어머님을 보고는 꼭 죄인이 된 것만 같아 어찌할 바를 몰랐다. 당신의 마음을 헤아리지 못한 철부지 며느리가 얼마나 한심해 보였을까? 그때를 생각하면 지금도 얼굴이 달아오른다.

집에 왔어도 재봉틀 돌리던 재미가 생각나서 재봉틀을 장만해 아기 옷도 만들고 소품도 직접 만들고 싶었다. 어머님께 말씀드렸더니, 당신은 눈이 어두워 바늘귀 꿰기가 힘들다는 핑계로 재봉틀을 가져가라고 하셨다. 시집살이의 벗이기도 하였을, 분신 같은 재봉틀을 미련없이 며느리에게 건네주시던 모습을 생각하니 지난날이 영사기 필름 돌듯 쫘르르 돌아갔다.

결혼할 당시 친정엄마가 계시지 않다고 섭섭한 표정을 감추지 못하시던 일, 내가 교통사고로 입원했을 때 집안일을 맡아 하느라 역정을 내시던 일, 어머님의 반복된 입원과 수술로 아이를 업고 병원으로 뛰어다니다 몸과 마음이 지쳐 물을 틀어 놓고 하염없이 울던 일 등. 하지만 세월이 흐르고 세상도 많이 변한 지금 어머님은 며느리의 든든한 후원자가 되셨다. 다정다감한 성격은 아니지만 며느리에 대한 사랑이 각별하시니 이 또한 고진감래라고 할까.

재봉틀이 우리 집으로 옮겨지던 날, 재봉틀은 나의 보물 1호가 되었다. 가끔 어머님은 바느질감을 가지고 오신다. 나는 바느질하는 어머님 곁에서 참새처럼 재잘거리고, 어머님은 지나온 삶을 말씀하신다. 재봉틀은 이제 고부간의 정을 이어 주는 가보가 된 셈이다.

그런데 어느 날 재봉틀이 삑삑 소리가 나고 돌리기가 힘들어졌다. 어머님은 물기 마른 목소리로 "기름 언제 쳤냐!" 하셨다. 아뿔싸! 난 재봉틀을 몇 년 동안 돌리기만 했지, 기름칠할 생각은 하지 못했다. 기름을 먹은 재봉틀은 그제야 힘을 얻어 부드럽게 잘 돌아갔다.

고부간의 관계도 이와 같을 것이다. 며느리는 며느리의 도리를 다하고, 어른들은 너그러운 아량으로 감싸준다면 '고부갈등'은 슬그머니 자취를 감출 것이다. 늘 '관심을 기울여 조이고 기름 쳐야' 제기능을 다할 수 있듯 사람 사이도 마찬가지다.

　메말라 가는 정을 잇고 싶다면 두 개의 밑실이 조화를 이뤄야 돌아가는 재봉틀의 미학을 한 번쯤 배워 보라 권하고 싶다.

열쇠

얼마 전 현관 열쇠를 번호 키로 바꾸었다. 오랫동안 열쇠 꾸러미를 가지고 다녔는데 이젠 그런 번거로움에서 벗어났다. 나는 몇 년 전만 해도 열쇠에서 자유롭지 못했다.

우리 옛 풍습에 며느리가 곳간 열쇠를 차지하기까지는 오랜 시간이 걸렸다. 어떤 시어머니는 임종 때가 되어서야 열쇠를 넘기는 경우도 있었다. 열쇠란 부의 상징이면서 어쩌면 힘겨루기가 아닐까. 시어머니가 곳간 열쇠를 맡기는 것은 며느리의 됨됨이를 파악하고 온전히 내 집안 사람으로 받아들인다는 증표라 할 수 있다.

열쇠를 갖고 있다는 것은 나만이 출입할 수 있는 비밀스런 곳에 뭔가 꼭꼭 숨겨 놓고 엿볼 수 있는 것, 그것은 분명 스릴이 느껴진다. 하지만 숨기고 싶은 비밀을 누군가와 공유하게 된다면 난감한 일이다.

예전에 살던 집은 단독주택이었다. 연탄 아궁이를 기름보일러로 바꾸고 재래식 부엌을 입식 부엌으로 개조하여 사용했었다. 많은 창문은 어떻게 할 수 없어 그대로 두었고 부엌으로 통하는 문만 알루미늄 새시로 바꾸고 그곳으로 드나들었다.

어머님이 사는 곳은 우리 집에서 차로 10분 거리에 있었다. 친구분들과 시내에서 모임을 할 때면 자주 들르곤 하셨다. 어머님은 우리 집에 편하게 출입하고 싶은지 열쇠를 하나 만들어 달라고 하셨다. 나는 행여 오셨는데 헛걸음칠까 봐 열쇠를 복사해서 드렸다.

대부분은 미리 알리고 왔지만, 그냥 불쑥 오는 날도 있어 나는 늘 신경이 쓰이곤 했다. 그날도 외출하고 집에 와 보니 어머님이 와 계셨다. 나갈 때 서두르느라 방을 대충 치우고 갔다는 생각이 들자 마음이 무거웠다. 그런데 누군가와 이야기하는 소리가 들렸다. 친구분과 안방에 앉아 계셨다. 순간 기분이 나빠졌다. 친구분은 주인도 없는데 이렇게 와있어 미안하다고 하셨다. 그렇지만 어머님은 아무렇지도 않다는 표정을 지으셨다.

친구분은 눈치가 보였는지 조금 후 가셨다. 난 속상한 마음에 앞으로 누군가를 데리고 올 때는 미리 말씀해 주시면 좋겠다고 했다. 그런데 어머님은 불쾌하셨는지 집으로 가 버리셨다. 평소 우리 집에 오면 며칠씩 묵고 가셨는데 그날은 단단히 화가 난 모양이었다.

어머님이 가고 곰곰이 생각해 보니 모든 것이 열쇠가 원인이란 생각이 들었다. 외출할 때면 와 계실지도 모른다는 불안감에 최소한의 볼일만 보고 집으로 부리나케 오곤 했다. 어머님이 갖고 계시는 열쇠는 은근한 구속이었다.

집이 오래되고 비가 새서 다시 짓게 되었다. 어머님은 상량식 때 오셔서 큰방 구조를 탐탁지 않아 했다. 제사를 모셔야 하는데 미닫이문이 아니어서 실망스러움을 감추지 않으셨다. 난 요즈음은 거실에서 생활하기에 방은 큰 의미가 없다고 말씀드렸다. 그러나 어머님은 큰방에서 조상을 모셔 온 관습으로 인해 쉬이 받아들이지 못했다.

드디어 집이 완공되고 어머님은 열쇠를 주셨으면 했다. 나는 불편함을 되풀이하고 싶지 않아 이리저리 핑계를 댔다. 마음 한 켠엔 개운치 않았지만 어머님의 기억력이 예전 같지 않아 더욱 열쇠를 드리고 싶지 않았다. 결혼한 지 10여 년이 넘도록 쥐락펴락하는 당신이 부담스러웠다.

남편이 희망퇴직을 하고 내 마음도 바빠졌다. 취업을 위해 공부를 시작하고부터 시댁에 가는 날도 드문드문해졌다. 어머님도 내가 도서관에 가거나 자격증을 따러 다니느라 집에 없다는 것을 알았는지 잘 오지 않았고 열쇠에 대한 말씀도 더이상 하지 않았다.

집을 짓고 몇 년이 흘러 어머님이 병원에 입원하게 되었다. 평소에 여러 가지 지병이 있었는데 그 합병증이라 의사 선생님은 가망이 없다고 했다. 그러니 집에 모시고 가서 드시고 싶어 하는 걸 다 해드리라고 했다.

퇴원해서 우리 부부가 사용하던 큰방에 어머님을 모셨다. 척추에 염증이 생겨 일어나지 못하고 누워만 계시는 당신을 보니 마음이 무거웠다. 큰 병원만 가면 나을 수 있다고 생각하는 당신께 차마 솔직히 말씀드릴 수 없었다. 가족회의 결과 소원대로 대학병원에 입원했지만, 결국 일 년을 넘기지 못하고 세상을 떠나셨다.

어머님이 살았던 시골집을 정리하는데 열쇠 꾸러미가 나왔다. 예전에 살았던 집 열쇠도 달려 있었다. 당신 혼자 살면서 자식 집에 마음대로 드나들 수 있고 내가 자식들에게 대우받는다는 증표로 열쇠를 복주머니에 넣고 다녔을 것이다. 새로 지은 집의 열쇠도 드렸으면 얼마나 좋아하셨을까.

이제 나에게 열쇠는 자존심도 힘겨루기도 아니다.

감나무

비가 온다. 기분 좋은 비가 온다. 감잎에 떨어지는 빗소리는 언제 들어도 좋다. 시골집에는 밑둥치가 우람한 감나무 한 그루가 있다. 가랑비로 살살 어루만지거나 굵은 빗줄기로 후두둑 떨어질 때도 감나무는 나름의 운치를 더해 준다. 담장 밖으로 길게 팔을 뻗은 가지가 마당에 시원한 그늘을 드리우거나 바람이 불 때 속살거리는 소리는 답답한 마음을 날려 보내는 청량제 역할을 한다.

처음 시댁에 인사하러 갔을 때 떡 버티고 서 있는 감나무를 보았다. 듬직하게 두 팔을 벌려 나를 반기는 것 같아 미더웠다. 신랑감의 결혼 조건을 따질 겨를도 없이 나는 뭔가에 홀리듯 결혼했다. 언니가 좀더 사귀어보고 결혼하라고 했지만 귀에 들어오지 않았다. 그저 계절마다 변하는 감나무를 본다는 것만으로 가슴이 설레었다.

어린 시절, 시골에서 감나무가 있는 집은 부러움의 대상이었다. 아이들에게 감나무는 놀이터였다. 나무에 오르내리기를 수차례 반복해도 감나무는 언제나 꼬맹이들을 품 넓게 받아주었다. 그늘에서 지켜보면 아찔함을 느꼈다. 그렇지만 개구쟁이들은 다람쥐처럼 요리조리 잘도 타고 올랐다.

감꽃이 떨어질 때면 나는 아침 일찍 감나무가 있는 집 주위로 갔다. 감꽃을 주우려면 담장 밖으로 가지를 뻗은 나무가 제격이었다. 주인의 눈치를 살피지 않아도 되기 때문이다. 풋감은 비록 떫은맛이지만 과일이 귀했던 시절이라 아직 제대로 여물지 않아도 맛을 보는 것만으로 족했다. 우리 집에도 한 그루 있으면 좋겠다고 생각했었다. 긴 골목 끝에 유난히 둥치가 큰 나무를 그리워한 기억이 있었기에 시댁의 감나무는 고향 이상으로 넉넉한 품으로 다가왔다.

유월이 되니 상앗빛 감꽃이 초록 잎 사이사이에 별처럼 돋았다. 이런 날이면 잃었던 동심을 되찾는 듯했다. 마당에 톡톡 떨어진 감꽃을 주워 목걸이를 만들기도 하고, 풋감은 단지에 차곡차곡 담아 삭히며 잊힌 유년을 되살리기도 했다.

시집간 첫해에 보란듯 감이 주렁주렁 열렸다. 가을이 되어 감을 딸 때는 여느 부자도 부럽지 않았다. 감나무가 있어 좋았는데 직접 따기까지 하니 하루 종일 발걸음이 가벼웠다. 생각보다 감 따는 일이 어렵긴 해도 들뜬 마음에 힘든 줄도 몰랐다. 제법 큼직한 세 개의 항아리를 채우고도 남았다. 제 할 일을 다 한 감나무가 기특하여 몇 번이나 쓰다듬어 주었다. 까치밥으로 남겨놓은 서너 개의 감을 쳐다보니 행운의 소식이 날아들 것만 같았다.

  어느 날부터는 감나무에 긴 빨랫줄이 걸렸다. 시어머니는 모시옷을 즐겨 입으셨는데, 풀을 먹인 옷이 바지랑대의 호위를 받으며 어깨춤을 추곤 했다. 그러나 감나무 새순처럼 여렸던 나는 시댁의 환경에 적응하지 못해 눈물을 훔치는 날이 많았다. 어머님은 깊은 정은 있으나 좀 무뚝뚝하였고, 아버님은 비록 병석에 계셨으나 며느리를 끔찍이 아끼셨다. 며느리 사랑이 각별했던 시아버지는 늘 나를 일에서 벗어나게 해 준 구세주였다. 그런 시아버지께서 첫아이가 태어난 지 백 일도 되지 않아 돌아가셨다. 감잎이 다 떨어진 초겨울이었다. 외아들이 짊어져야 할 무게는 며느리에게도 고스란히 전해져 왔다.

  시골에서 어머님과 몇 달을 함께 살았다. 감나무 빨랫줄에는 빳빳한 모시옷 대신 아기 옷과 기저귀가 펄럭이는 날이 많았다. 수액이 다 빠져나간 노거수는 힘겹게 빨랫줄을 부여잡고 있었다. 바싹 마른 감잎만 마당 여기저기에 나뒹굴어 마음이 더욱 스산했다.

　아버님이 돌아가시고 난 후 감나무는 시름시름 앓기 시작했다. 집안의 분위기를 감지했는지 잎은 이상한 반점이 퍼져 푸르름을 잃어갔고, 감도 예전처럼 열리지 않았다. 난 마음이 편치 않아 남편에게 감나무를 어떻게든 살려야 한다고 틈날 때마다 다그쳤다. 결국 농약은 치지 않고 식초를 희석해서 분무기로 뿌리고 감나무 주위를 깊이 파 거름을 듬뿍 넣었다. 감나무는 조금씩 생기를 찾았으나 예전의 모습으로 돌아오진 않았다.

　시골집에 혼자 계셨던 어머님을 가끔 뵈러 가면 감도 많이 열리지 않고 떨어진 감잎이 여간 번거롭지 않다며 감나무를 베어 버렸으면 했다. 난 감나무가 없는 시골집은 생각조차 하기 싫어 긴 시간 어머님을 설득하여 감나무를 온전히 지켜냈다.

　어머님이 돌아가시고 빈집을 그냥 둘 수 없어 사람을 들였다. 무엇보다 집 안팎을 돌보는데 신경써 달라고 했다. 특히 감나무는 어떤 일이 있어도 훼손시켜서는 안 된다며 간곡히 부탁하였다.

　유월로 접어든 날, 시골집에 다녀왔다. 감꽃은 마당 가득 수를 놓았고, 잎은 푸르름을 더했다. 나는 달려가 감나무를 가만 안아 보았다. 왠지 모를 따듯한 기운이 전해져 왔다. 어른들이 계시지 않았지만 감나무가 시골집 버팀목이 되어 주었다.
  우리의 아이들이 어른이 되고, 또 아이의 아이가 어른이 되었을 때도 감나무는 언제나 넉넉한 품으로 반겨주었으면 한다.

해후邂逅

큰어머님이 돌아가셨다. 설 명절에 물기가 다 빠진 듯 앙상한 모습을 뵌 후, 불길한 예감이 들긴 했었다. 코로나가 한창 기승을 부릴 때 혹시나 부고가 날아들면 어쩌나 마음을 졸였는데 한풀 꺾여서 그나마 다행이라고 해야 할지….

떠난 분은 가볍게 짐을 내려놓고 갔을 테지만 나는 왠지 모를 무게가 느껴진다. 종부는 아니지만 큰집과 작은집을 통틀어 며느리 중 내가 가장 손위가 되기 때문이다. 큰아주버님이 계시지만 큰형님이 없으니 본의 아니게 그렇게 자리매김이 된 것이다. 결혼 후 큰집 행사에 참여하며 가까이 지내서인지 큰어머니의 죽음은 나를 깊은 상념에 젖게 했다.

결혼을 생각하고 마음에 둔 사람과 같이 아버지께 인사를 드리러 갔다. 그런데 집안의 남자들이 일찍 돌아가시고 어른들도 몸이 편찮으시다는 이야기를 듣고는 쉬이 허락하지 않았다. 더구나 엄마도 일찍 여의고 객지에서 외롭게 자란 내가 차남과 결혼해 어깨짐을 좀 덜었으면 하는 게 아버지의 바람이었다.

인연이 있어서인지 나는 경주 김씨 문중의 며느리가 되었다. 시댁은 종갓집은 아니었으나 사촌 간에도 돈독한 관계를 유지하며 한동네에 살았다. 기제사가 되면 만사를 제쳐두고 큰집에서 함께 음식을 했다. 결혼 전 아무것도 해 보지 않은 내가 감당해야 할 몫은 컸다. 커다란 생선을 구울 때는 설익으면 어쩌나 하는 걱정에 긴장을 놓을 수 없었다. 제꾼이 많아 제사상에 올리는 음식 외에도 된장을 넣은 부침개를 한가득 구워내야 했다. 기름이 튀어 물집이 생긴 적이 한두 번이 아니었다. 그래도 어른들 살아온 이야기를 듣다 보면 마음이 훈훈해졌다.

대청마루에 앉아 새들이 지저귀는 소리를 들으며 연두색 감잎을 보고 있으면 고향집인 듯한 착각이 들었다. 특히 큰집은 된장과 고추장이 맛있어서 된장찌개나 나물무침은 입맛을 돋우었다. 아삭한 물김치와 알맞게 익은 배추김치는 밥 한 그릇을 뚝딱 비우게 만들었다. 이런 소소한 기쁨에 모이는 날이 은근히 기다려지기도 했다.

큰어머님은 슬하에 자식이 여섯 명이다. 큰아버님이 일찍 세상을 떠나시고 홀로 아들 셋, 딸 셋을 교육하느라 허리가 다 휘어졌다. 더구나 남편 없이 시부모를 모셔야 하는 어려움은 어찌 말로 다 표현할 수 있으랴. 답답한 마음을 풀 데가 없어서인지 담배를 태우셨다. 그 모습을 볼 때마다 많은 생각이 스쳐 갔다. 오랜 기간 담배를 피운 탓인지 동맥에 이상이 생겨 대학병원에서 큰 수술을 받았다. 그러나 자식들의 지극한 간호 덕분인지 거뜬히 털고 일어났다. 이후 20여 년 별 탈 없이 잘 지내셨다.

 작년 어버이날, 사촌들이 동네에 있는 식당을 통째로 빌려 푸짐하게 잔치를 벌였다. 식사 후 노래방 기기가 있는 방에서 어우러져 흥겹게 놀았다. 큰어머니가 흘러간 옛 노래를 구수하게 부를 때 눈시울을 적셨다. 긴 세월 자식과 문중을 위해 애쓴 노고를 모두 잘 알기 때문이다.

 언제까지 굳건히 곁에 계실 것 같았던 큰어머님이 돌아가시자 평소의 유언대로 큰아버님 산소를 이장하는 일이 빠르게 진행되었다. 그런데 오동나무 관에 석회를 넣어서인지 40년이 지났어도 삼베조차 썩지 않고 미라 상태로 보존되어 있었다. 꼬물꼬물한 자식들을 두고 편히 눈을 감지 못하셨던 걸까. 수습된 시신은 새로운 관에 옮겨져 장례를 치르는 영안실로 옮겨졌다. 비록 영안실에서의 해후지만 큰어머니가 잠든 곳에 나란히 있는 모습은 가족들을 깊은 회한 속으로 빠져들게 했다.

부부가 살아생전 금슬이 그렇게 좋았다고 한다. 돌아가신 분을 이야기할 때 원망할 법도 한데, 큰어머니에게서 한 번도 그런 말을 들어본 적이 없다. 살아생전 큰아버지는 문중 일도 척척 잘하시고 넉넉한 품으로 아내를 감싸주었다고 한다. 그렇게 긴 세월 아내를 기다렸는지 형체가 온전히 보존된 게 참으로 신비로웠다.

출상하는 날은 하늘이 더없이 맑았다. 큰아버지 관이 먼저 나가고 큰어머니 관이 그 뒤를 따랐다. 어렸을 때 아버지를 여읜 사촌 형제들은 아버지가 다시 살아온 듯 감격에 겨워 울었다. 막내아들이 아버지가 돌아가실 때의 나이를 넘어섰는데 어찌 덤덤할 수 있으랴.

선산에 큰어머니와 큰아버지가 나란히 묻혔다. 두 분이 살아생전 못다 푼 정을 저세상에서 나누길 빌었다. 산소를 다지는 동안 사촌들과 산 입구에 앉아 지난 이야기를 했다. 바람이 살랑 불자 푸르른 잎이 하늘하늘 춤을 춘다. 산 저쪽에서 들려오는 뻐꾸기의 구슬픈 소리마저 정겹게 들렸다.

4.
불빛

담

 우리 동네에 담이 사라지고 있다. 오랫동안 마을 사람들을 품어오던 견고한 시멘트 블록 담이 하나둘 허물어졌다. 도심에서 주차 공간이 부족해 자리를 확보하기 위해서라고 했다. 이미 담의 문화에 익숙해진 터라 한동안 허전하고 이웃 간의 낯선 풍경도 경험하게 될 것 같아 염려스러웠다.
 시간이 지날수록 나의 걱정은 기우였다. 담이 없어지자 확 트인 공간은 신선한 바람을 몰고 왔다. 이웃들은 지나가다 서로 안부를 묻고 낯선 사람이 기웃거리면 관심을 보였다. 시멘트 블록 담이 주는 묘한 이질감이 사람과 사람 사이의 보이지 않는 막으로 작용했나 보다.
 담이라고 하여 무너뜨려야 하는 대상인 것만은 아니다. 우리

조상들은 자연 친화적인 흙담을 둘러 일정한 거리를 유지했다. 지체 높은 양반집은 안채와 바깥채를 구분하는 것으로 담을 둘렀으나 높지 않았다. 하인들이 기거하는 곳은 안채에서 훤히 내려다보이는 얕은 담을 둘러 얼굴 붉히지 않고 바깥채에서 일어나는 일을 살필 수 있게 하였다. 또한 이웃의 안부를 묻고 음식도 건네며 인정을 묻고 나르던 통로였다. 그러나 주인집 아씨를 연모하는 떠꺼머리총각에게는 높은 벽이었을 것이다. 담은 낮아도 마음의 벽을 느끼면 높아 보인다.

 외관상 높은 담은 보는 것만으로도 경계심을 불러일으킨다. 특히 거무튀튀한 블록 담으로 둘러쳐진 학교는 을씨년스럽기까지 하다. 학교 주변에서 불미스러운 일이 심심찮게 터져 나온다는 소식을 들어서인지 그곳을 지날 때면 안에서 무슨 일이 벌어질까 자못 신경이 쓰였다.

 동네 담이 사라진 후 우리 집 근처에 있던 학교 담도 허물기 시작했다. 시멘트 블록 담을 걷어내고 학교 운동장이 훤히 들여다보이는 낮은 담이 조성되었다. 높은 담이 사라진 운동장에서 뛰어노는 아이들을 보자 내 마음도 가벼워졌다. 시멘트 담이 사라진 자리는 불신과 경계도 허물어졌다.

 얼마 전, 성주 한개마을에서 소담스러운 담을 보았다. 그리 높지 않은 흙담이었다. 진흙에 지푸라기를 섞어서 쌓아 올린 담이었다. 듬성듬성 돌이 박혀 있고 꼭대기 부분은 기와로 덮여 있었다. 담 너머로 배롱나무가 꽃을 피워 오가는 사람들의 시선을 끌었다. 담을 오르는 담쟁이넝쿨은 밋밋해 보이는 흙담에 생기를 불어넣었다.

 담 한쪽을 돌아드는데 간간이 내리던 빗줄기가 굵어졌다. 후두둑 후두둑 우산에 꽂히는 빗소리와 함께 흙담이 서서히 젖어들었다. 땅과 인접해 있는 담 아랫부분은 돌이 촘촘히 박혀 있어 물을 머금어도 쉬 허물어지지 않을 것 같았다.

 어느 집 앞에 이르자 담을 넘지 못한 능소화가 고개를 숙이고 빗속에서 떨고 있었다. 드러내 놓고 말하기보다 수줍은 듯, 알 듯 말 듯한 표정에서 고혹미가 더 풍기는 것인지도 모른다.

 황홀한 주황색 꽃에 넋을 잃고 쳐다보다 솟을대문을 발견했다. 슬쩍 들여다보니 무궁화가 정갈하게 심어져 있었다. 여느 곳에서 본 무궁화보다 꽃잎이 크고 선명해 보였다. 토종 무궁화인 듯싶었다. 튼튼하게 뿌리내리기까지 얼마나 살뜰히 가꾸었을지 짐작이 가고 남음이 있다.

 한개마을은 높지도 낮지도 않은 곡선의 담이 이어져 있었다. 담을 배경으로 해바라기가 한창 자라고, 담쟁이넝쿨이 짙은 초록으로 손을 뻗어 내리는 중이었다. 개방된 곳에서 바라보는 것과 흙담으로 반쯤 가려진 곳에서 바라보는 것은 그 느낌이

다르다. 개방된 곳에서 보는 해바라기는 거침없이 뻗어가는 힘찬 기운을 느낄 수 있지만, 흙담에서 바라보는 해바라기는 수줍게 고개를 숙이는 순박한 새색시를 보는 것 같다. 껑충 자란 백일홍은 밖에서 보아도 빗물에 더욱 붉게 빛나고, 담을 따라 군데군데 심어진 키 큰 나무는 담장을 지켜주는 수호신처럼 느껴졌다.

 담장에 얹힌 기와는 흙과 돌이 섞인 흙담에 운치를 더해 준다. 나무에서 떨어지는 경쾌한 빗소리를 음향 삼아 걷다 보니 복잡한 도심에서 얽히고설킨 일들이 하나씩 지워져 갔다. 마을 뒷산과 접해 있는 담을 돌아 다시 마을로 접어들었다. 흙담에 초록과 원색의 꽃들을 피워 올린 한개마을은 비에 스며들어 더욱 고즈넉해 보였다.

 허물어야 소통의 장이 될 수도 있지만 경계를 지켜 더욱 빛나는 것도 있다. 낡고 오래되었다고 다 허물 것은 아니다. 은근한 멋으로 살짝 가려주는 담의 매력을 살린다면 공간에 표정을 주는 일일 수도 있다. 한적한 길에 흙담을 배경으로 타박타박 걸으며 지난 삶을 반추해 보는 것은 바쁘게 살아가는 우리에게 마음의 여유를 가져다준다.

 비가 더 세차게 퍼부었다. 흙담도 온몸이 빗물에 스며들었다. 내가 중심에 서서 주인공이 되는 삶도 의미가 있지만, 나로 인해 누군가가 더 돋보일 수 있다면 그 또한 의미가 있지 않을까. 서서히 젖어 들어 금방 마르지 않는 흙담처럼 사람과의 관계도 천천히 스며들어 오래도록 가까이할 수 있다면 더없이 좋지 않을까.

모감주나무

 가을로 접어든 길목에 비가 간간이 뿌린다. 오늘은 시조백일장이 열리는 날이다. 해마다 시행하는 행사지만 올해는 새롭게 복원된 태화루에서 하게 되어 그 의미가 깊다.
 행사장에 도착하니 비가 주룩주룩 내린다. 여러 선생과 함께 비를 피해 누각 아래에서 백일장 준비를 하였다. 참가자들이 많지 않으면 어쩌나 하는 염려와는 달리 학생들과 일반인들이 누각에 모이기 시작했다. 드디어 글제가 발표되고 종이가 배부되었다. 한참의 시간이 흐른 뒤 글을 쓰는 참가자들의 모습이 궁금하여 누각에 올랐다.
 아이와 엄마가 강을 바라보고 앉아 곰곰 생각에 잠긴 모습은 더없이 평온해 보인다. 이채로운 것은 외국인이 백일장에 참가

한 것이다. 나중에 알게 된 사실이지만 대구로 유학온 학생이었다. 같은 학교에 다니는 한국인 학생과 나란히 앉아 글을 써 내려가는 모습을 보니 자꾸만 눈길이 머물렀다. 타국에 와서 한국어를 배우고 여행길에 태화루에 들렀다가 때마침 열린 백일장에 참가하는 건 뜻깊은 추억이 되지 않을까 싶다.

백일장 이모저모를 스케치하다 태화루 난간에서 건너편을 바라보았다. 강줄기를 거슬러 눈길이 머문 곳에 대숲이 자리하고 유유히 흐르는 강을 남산이 굽어보고 있다. 한동안 살피다 누각 난간 바로 앞에 있는 나무에 시선이 모아진다. 갈색 주머니 모양의 열매가 달려 있다.

곁에 있던 문우는 나의 관심사를 알아차렸는지 '모감주나무'라며 설명해 준다. 여느 나무와는 달리 봄에 꽃을 피우지 않고 이파리만 조금씩 넓혀 가다 여름이 시작되는 7월에 꽃대를 타고 노란 꽃을 피워 올린다. 열매는 꽈리처럼 생겨 옅은 녹색이었다가 차츰 갈색으로 변해 얇은 종이 같은 껍질이 길게 갈라진다. 안에는 콩알만 한 크기의 까만 씨앗이 들어 있다. 반질반질한 씨앗은 염주의 재료로 쓰인다. 금강석처럼 단단하고 변치 않는 특성을 가져 금강자라 부른다. 열매로 만든 염주는 큰스님들이나 지닐 수 있을 만큼 귀하다. 이런 모감주나무가 누각을 따라 길게 펼쳐져 있어 누각이 더 고풍스런 멋을 풍기는 것 같다.

　태화루는 신라 선덕여왕 때 태화사의 누각으로 건립되었다. 밀양 영남루, 진주 촉석루와 함께 '영남 3루'로 불렸는데, 임진왜란 때 불타 없어진 것을 지난 2014년 지자체의 노력으로 복원하였다.

　모감주나무는 태화루 복원이 이루어지기 전부터 자리해 있었다. 100년 이상 된 이 나무는 염해鹽害에도 강한 수종이다. 울산 앞바다에서 태화루 앞까지 물이 드나드는 것으로 보았을 때 대체로 강 주변에 군락을 이루었던 것 같다. 사람이나 식물이나 자신이 살아가야 할 곳을 찾아 뿌리내린다는 건 예사로운 일이 아니다. 작은 씨앗이 바람을 타고 강을 따라 흘러 적합한 환경에 자리 잡은 것은 생명의 경이로움이라 아니할 수 없다.

　오늘 백일장에 참가한 사람들도 글을 꽃피워 광채가 빛나길 바랄 것이다. 일찍 광채가 빛나는 사람들도 있겠지만 오랜 연마 기간을 거쳐 빛나는 사람도 있다. 모감주나무가 다른 꽃보다 늦게 꽃을 피운다고 다른 꽃에 뒤처지는 것은 아니다. 글도 마찬가지다. 기다림의 시간 동안 실력이라는 꽃을 활짝 피워 올린다면 조금 늦다고 그리 애달파할 일은 아니다. 외국인 참가자도 이국땅에서 다양한 경험을 통해 자신의 꿈을 꽃피우기 위해 부단히 노력하는 모습이 아름답지 않은가.

모감주나무의 별칭이 '선비수'라고 한다. 태화루에 딱 어울리는 나무다. 남산으로 해가 넘어갈 때 노란 꽃이 황금빛으로 빛나는 것은 관음보살상의 광채와도 흡사하다. 토심도 얕고 척박해 쉽게 건조해지는 서식처 조건은 나무가 아주 천천히 성장할 수밖에 없는 환경이다. 그래서일까. 이 나무는 보호수로 지정되어 있다.

백일장 심사 후 시상식을 하려는데 비가 억수같이 퍼붓는다. 참가자들이 못내 아쉬움을 토해내듯 그칠 줄을 모른다. 잠시 멎기를 기다리다 시상식이 진행되었다. 수상자 중에는 외국인도 있었다. 비록 큰 상은 아니었으나 울산 땅에서 추억의 뿌리를 내리는 계기가 되지 않을까.

늦게 꽃 피우더라도 한곳에 뿌리를 내리면 백 년도 더 자리를 지키는 모감주나무처럼, 더디게 꽃 피우더라도 믿고 기다려준다면 어느새 향기 그윽한 꽃으로 피어날 것이다. 그 꽃에 어찌 벌과 나비가 날아들지 않겠는가.

이웃

 우리 집 주위엔 원룸이 많다. 몇 년 전부터 붐을 이루기 시작한 원룸은 이웃이라는 말을 낯설게 만들었다. 누가 어디서 이사를 와 얼마쯤 살고 가는지 아무도 모른다. 별 관심 둘 일도 아니지만 그들의 얼굴을 볼 수 있는 건 간혹 이사 갈 때뿐이다. 이렇듯 원룸 문화는 사람과의 단절을 가져왔다.

 원룸에 사는 모든 사람이 다 그런 건 아니지만, 우리 집과 마주한 곳에 사는 사람들은 낮에는 조용하다가 자정이 지나면 활기가 넘친다. 수험생 아이를 기다리다 살풋 잠들었다가 왁자한 소리에 깨어나곤 한다. 겨울은 그래도 괜찮다. 더운 여름날 창문을 활짝 열어놓으면 온갖 소음과 담배 연기가 담을 타고 날아온다. 그 소리와 냄새를 참고 있으면 지나간 시절이 새삼 그리워진다.

20년 전, 골목에선 소리가 넘쳤다. 원룸이 들어서기 전이기에 단독주택이 주를 이루었다. 집과 마당이 거의 같은 비율로 지어진 주택단지라 아이들이 놀기에 딱 좋았다. 붕붕카를 타고 드르륵 드르륵 달리는 소리, 세발자전거 타는 소리, 아이들을 부르는 소리, 할머니들의 웃음소리 등 그야말로 소리 천국이었다.

아이들이 유치원에 가고 나면 이웃에 사는 엄마들은 자연스레 모였다. 아침마다 커피를 마시며 밤새 있었던 이야기를 쏟아냈다. 점심때가 되면 함께 식사를 준비했다. 멸치와 다시마를 넣어 육수를 우려내는 동안 한쪽에선 밀가루를 반죽해 얇게 민다. 손놀림이 재바른 사람은 국수를 삶고, 부추를 데쳐 무치고 김치를 총총 썰어 고명으로 올리면 맛있는 칼국수가 완성된다. 여러 사람이 어울려 만든 손맛은 달고도 깊었다.

유치원에 갔던 아이들이 돌아오면 시장으로 간다. 엄마들과 아이들이 도로를 거의 차지하고 다녀도 대문 앞에 앉아 계시던 할머니들은 "그래, 한창 좋을 때다. 아이들 잘 데리고 다녀라."며 덕담도 해 주셨다.

저녁에는 골목에 모여 시원한 바람을 마시며 이야기꽃을 피웠다. 넓은 마당에 평상이 있었던 우리 집은 앞집 사람들을 불러 부추전을 구워 먹기도 했다. 아이들은 자전거나 붕붕카를 타고 골목과 마당을 오가며 놀았다.

 집안 행사라도 있는 날이면, 유치원에 갔다 온 아이를 옆집에서 돌봐주었다. 늦은 시간에 돌아오면 아이는 그 집에서 밥을 먹고 자고 있을 때도 있었다. 아이 중 한 명이 아파서 병원에 갈 때도 안 아픈 아이는 자연스레 이웃에서 돌봐주었다. 이렇듯 이웃은 놀이방 역할을 톡톡히 했다.

 아이들이 학교에 들어갈 즈음 하나둘 이사를 갔다. 학교와 거리도 멀고 학군이 좋지 않다는 게 이유였다. 이웃 사람들이 이삿짐을 싣고 떠나면 시야에서 멀어질 때까지 하염없이 바라보았다. 떠나고 난 빈자리엔 바람만 맴돌았다. 며칠 동안 입맛이 없고 기운도 없었다. 누군가와 정을 주고 살다 혼자 남겨진다는 건 힘든 일이다.

 설상가상 개발 바람이 불어 낡고 오래된 집을 부수고 다시 짓기 시작했다. 대부분 원룸을 지었다. 그사이 이웃들도 아파트로 이사 갔다. 목련과 모과나무에 찾아와 주던 새들은 사라지고 거대한 기계음과 망치 소리가 새벽을 열었다.

 원룸이 완성되어 방마다 불이 환하게 켜졌어도 아이들의 소리는 들리지 않았다. 웃음소리 가득했던 골목엔 원룸에 주차하는 차량만 오갈 뿐이다. 혼자만의 세계에 갇혀 사는지 이웃 사람들의 얼굴은 통 볼 수가 없다. 소통이 사라진 이웃은 황량함 그 자체다.

  지금도 왁자한 소리가 담을 타고 넘어온다. 헛기침도 해보고 살짝 창문을 닫아보지만 별 반응이 없다. 밤을 낮 삼아 사는 사람들의 고충도 헤아려 보지만 내 인내심은 바닥을 보인다.

  사람 사는 냄새 물씬했던 그 시절로 되돌릴 수 있는 길을 나는 아직 찾지 못하고 있다. 예전에 살았던 사람들을 불러 국수라도 말면 정겨운 소리 들을 수 있으려나.

거주자 우선주차제

"○○○○번이죠. 빨리 차 좀 빼주세요."

하던 일을 멈추고 얼른 차를 주차해 놓은 곳으로 갔다. 낮에 다른 사람의 주차구역에 차를 대 놓고 옮긴다는 것을 깜박했다. 그 구역의 주인은 한 손을 허리에 올린 채 어서 차를 빼라며 언성을 높였다. 나는 죄송하다며 연신 고개를 숙이며 차에 시동을 걸었다.

내가 배정받은 주차구역으로 차를 몰고 왔으나 다른 차가 떡 버티고 있다. 양보 깜박이를 켜 놓고 차량 앞부분에 있는 전화번호를 살핀다. 전화를 걸어보지만 받지 않는다. 어떻게 해야 하나. 여러 가지 생각이 스친다. 다른 구역에 빈자리가 있어도 함부로 주차할 수도 없다. 언제 견인되어 갈지 모르기 때문이다.

　내가 사는 곳은 상가와 원룸이 밀집해 있다. 예전엔 주택지였는데 건물이 오래되어 대부분 신축했다. 주차 공간을 확보하고 지어야 함에도 형식적으로 만들어 놓고 활용하지 못하는 곳이 많다. 준공검사를 목적으로 주차장을 철구조물로 건물 뒤편에 만들고, 검사가 끝난 후에는 고철덩이로 그대로 방치한다. 이렇다 보니 그곳에 사는 사람들은 주차 공간이 없어 이면도로나 남의 주차구역에 대기 일쑤다.

　그런데 상가에 있는 사람들이 다른 사람의 주차구역에 차를 그대로 두고 퇴근하여 곤란을 겪을 때가 많다. 원룸에 사는 사람들도 좁은 주차 공간으로 인해 다른 사람의 구역에 차를 대는 경우가 있어 종종 다툼이 일어난다.

　지정주차구역은 저녁 6시부터 주차를 할 수 있기에 이전 시간은 먼저 자리를 확보하는 사람이 임자다. 저녁에 일을 마치고 돌아오면 내가 배정받은 구역이 비어있을 때가 드물다. 옮겨달라고 하기가 귀찮아 선이 그어지지 않는 곳을 찾아 대충 차를 대 놓는다. 그런 일이 반복되다 보니 내 구역은 아무도 주차하지 않는 곳으로 인식돼 장기간 주차하는 사람들이 늘어갔다.

　문제는 주차할 곳이 마땅치 않을 때이다. 그럴 땐 하는 수 없이 주차해 놓은 사람에게 전화를 건다. 바로 이동시켜 주는 사람은 그래도 양반이다. 짜증 섞인 목소리로 거친 말을 서슴지 않고 하는 사람도 있다. 전화번호조차 차에 두지 않거나 번호가 있어도 흐릿해서 보이지 않을 때도 있다. 날은 추운데 전화는 받지 않고 슬슬 화가 나기 시작한다. 하는 수 없이 관리공단에 연락하면, "전화를 받지 않는데 견인시킬까요." 한다. 하지만 선뜻 답을 하지 못한다. 정말 급한 일로 잠시 세워둔 차량일 수도 있기 때문이다. 차를 공중에 매달아 둘 수도 없고 참으로 난감하기 짝이 없다.

 한번은 내가 다른 사람의 지정주차구역에 차를 대놓고 문상간 적이 있었다. 낮시간이라 내 배차구역에 다른 차가 있어 급한 나머지 대충 주차해 놓고 갔다. 오후 6시가 조금 지나자 휴대전화에 낯선 번호가 떴다. 차를 빨리 빼라는 거였다. 사정 이야기를 하고 내 배차구역 번호를 가르쳐 주며 그곳에 차를 대주면 안되겠냐고 부탁했지만 소용없었다. 바로 한 골목에 사는 사람인데도 막무가내였다. 주택지였던 예전과 달리 원룸이 밀집된 곳이라 서로 왕래가 없고 얼굴도 모르니 봐줄 리 만무했다. 나중엔 관리공단에서 전화가 왔다. 사정 이야기를 하고 2시간 내로 차를 옮긴다는 조건으로 견인은 면했다. 문상을 마치고 서둘러 집으로 오는데 또 벨이 울렸다. 약속 시간에 안 오면 견인시키겠다며 언성을 높였다. 주차 전쟁이라는 말을 실감케 했다.

  거주자 우선주차제는 좋은 제도이기는 하다. 주차 공간이 마땅치 않은 주민들을 구제해 주기 때문이다. 하지만 부작용도 많다. 사소한 자리다툼으로 이웃 간에 얼굴을 붉히거나 큰 싸움으로 번질 때도 있다. 지정구역에 주차해 놓은 사람들은 장기간 주차로 불편함을 주어서는 안 된다. 배정받은 구역에 혹시라도 시간을 넘겨 주차된 차량이 있더라도 부득이한 사정을 고려하여 양보하는 미덕이 필요하다. 거주자 우선주차제를 시행하는 관청에서도 도로를 보수하거나 지하 매설하는 공사가 있을 시 차량 단속을 탄력적으로 시행하는 것이 바람직하다.

  서로의 입장을 바꾸어 생각해 보는 역지사지易地思之 자세가 꼭 주차구역에만 해당하는 것은 아닐 것이다.

'고객님! 사랑합니다'

우리는 살아가면서 크고 작은 약속을 한다. 새끼손가락을 거는 약속에서부터 고객과의 '덩치 큰' 약속까지 다양하고 범위도 넓다.

계약이란 약속을 이행하지 않았을 때 발생하는 손실을 방지하기 위해 법적 강제성이 있는 장치다. 이는 갑과 을의 관계에 쌍방이 의무 조항을 내세운다. 내로라하는 기업에서는 여러 가지 상황에 대비하여 미리 꼼꼼하게 챙긴다. 그렇지만 고객은 대체로 계약의 세부 조건에 대해 심각하게 인지하고 있지 않다. 간단한 물음에 별 의심 없이 답하며 계약하기도 한다. 나도 예외는 아니었다.

몇 달 전 청탁받은 원고를 보내려고 컴퓨터를 켰는데 인터넷

접속이 되지 않았다. 한참을 시도해도 연결이 되지 않아 통신사에 고장 신고를 했다. 휴일이라 접수만 가능했다. 글이 컴퓨터에 저장되어 있으니 아무것도 할 수가 없었다. 이런 상황을 대비해 유에스비에 저장해 두곤 했는데 근래에 들어와서는 미처 그렇게 하지 못했다.

월요일이 되자 통신사 서비스 기사가 방문하였다. 고치면 얼른 일을 마무리해야겠다고 생각한 터라 무척 반가웠다. 그런데 한참 이것저것 살펴보고 난 뒤 통신망이 끊겨 있다고 했다. 왜 그런지 알아보니 전신주 지중화 사업으로 통신사 선로가 차단되어 있었다. 다른 통신사는 작은 전봇대를 보유해 설치가 가능했다. 그러나 내가 가입한 통신사는 선로 확보가 힘들어 연결 불가 지역으로 판정이 났다.

연결망이 끊기자 컴퓨터는 물론 텔레비전, 집 전화도 되지 않았다. 와이파이가 끊긴 줄도 모르고 휴대전화를 쓴 탓에 데이터도 바닥을 보였다. 급하게 가족들에게 데이터 주고받기를 요청했다. 그런데 문제는 통신사의 사정으로 강제 해지당한 상황인데도 고객이 직접 고객센터로 해지 요청을 하라는 거였다. 자동 응답 기능이라 번호를 아무리 눌러도 연결되지 않았다.

겨우 통화를 할 수 있었으나 담당 부서가 아니라며 타 부서로 돌려주었다. 우리 집처럼 갑자기 연결이 끊긴 경우는, 단계를 거쳐 현장 기사와 직접 통화한 후 다시 한번 상황을 점검해 보고 합당하다는 결정이 났을 때 해지가 가능하다고 했다.

통신사에서 부득이한 사정이 있으면 미리 고객에게 양해를 구하는 게 당연하지 않을까. 그런데 고객이 사정을 설명하고 '해지해 주십사.'를 몇 번이나 읊조려야 문제가 해결된다고 하니 이는 기업 중심적인 사고다. 우여곡절 끝에 겨우 해지가 타당하다는 통보를 받았지만, 일방적인 파기로 고객이 입은 피해에 대한 보상은 없었다. 그 결과 가족 결합으로 묶여 있던 할인 혜택은 일시에 사라졌다. 그 폭이 컸기에 사라진 금액이 못내 아쉬웠다.

두 달 뒤, 문제의 그 통신사에서 다시 인터넷에 가입하라는 전화가 왔다. 그사이 선로를 확보한 것인지 끈질기게 계약을 권했다. 그동안 번거로웠던 일을 생각하면 지금 이용하는 휴대전화도 약정이 되어 있지 않다면 다른 통신사로 이동하고 싶은 심정이었다. 공중에 나는 새만 보이고 손안에 든 새가 날아가는 것도 모르는 그들은 삼류 서비스 정신으로 오직 '판매'에만 몰두하고 있었다.

당장 처리해야 할 일이 산적해 있는데 통신 두절로 주말을 맥놓고 보냈으니 애가 탔다. 기존 통신사에서 해지통보를 받고 난 후 다른 통신사에 연락해 보았다. 그런데 해지당한 통신사와는 달리 연결망이 없으면 다시 설치해서라도 가능하다는 거였다. 기존에 이용했던 것보다 설치비가 더 들었으나 고객을 응대하는 태도에 만족하여 조건을 수락했다.

  고객은 돈 몇 푼에 옮겨 다니기도 하지만, 기업의 얄팍한 상술에 떠나기도 한다. '고객님! 사랑합니다.' 말이 립서비스가 아닌, 진심에서 우러나올 때 고객은 감동한다.

틈

 장마가 시작되어 며칠째 비가 내리던 날, 배수구가 막힌 곳은 없는지 확인차 옥상으로 향했다. 함께 올라가던 아들이 벽에서 물이 흘러내린다며 손짓했다. 종종 오르내리는 옥상이었는데 왜 내 눈에는 보이지 않았을까. 그런데 하필 옥상 바닥이 아니고 벽체일까 하는 의구심이 일었다.

 방수 전문 업체에 의뢰하여 진단한 결과 누수가 있으니 시급히 공사해야 한다고 했다. 옥상 위 부분은 눈에 보이지 않아 물 빠짐이 어떻게 되는지 몰랐다. 사다리를 놓고 올라가서 살펴보면 되겠지만 번거롭고 위험하기에 거의 들여다보지 않았다. 낙엽 같은 이물질이 배수구를 막아 물을 머금고 있는 시간이 오래되어 그것이 쌓이고 쌓여 하중을 이기지 못해 약한 벽체로 스며든 것이었다. 십여 년이 지나도록 방치했으니 무생물도 그렇게 반란을 표출하지 않았을까.

보이지 않는 곳을 무심히 지나친 것이 비단 이뿐이겠는가. 사람 사이도 마찬가지다. 바쁘다는 이유로 친구를 챙기지 못할 때가 있다. 친하기에 이해해 줄 것이라 생각한 게 문제가 되었다.

얼마 전, 친구가 가게를 개업한다는 소식을 전해왔다. 마침 수업을 나가던 참이었다. 나는 서둘러야 늦지 않을 것 같아 개업할 즈음 다시 연락해 달라며 끊었다. 코로나로 인해 마스크를 쓰고 수업하느라 예전보다 피로도가 심했다. 다녀와서도 다음 날 수업 준비에 몰두하다 보니 시간이 어떻게 가는지 몰랐다.

어느 날 문득 정신을 가다듬고 보니 개업일이 지나버렸다. 날짜가 다가오면 다시 연락하라고 했는데 그것만 믿고 있다가 시간을 놓치고 만 것이다. 얼른 전화를 걸었다. 친구의 목소리는 착 가라앉아 있었다. 차라리 섭섭하다고 말하면 변명이라도 할 텐데 종일 마음이 무거웠다. 화환을 보내 축하해 주고 싶었는데 본의 아니게 이렇게 되어버려 난감했다. 바쁘다는 이유로 나는 스스로 틈을 만들고 말았다.

나음 날 수업 시간을 조정하여 친구의 가게를 방문했다. 예쁜 띠를 두른 화분을 안기며 늦은 축하 인사를 건넸다. 바쁜데 오지 않아도 된다고 했지만, 찾아온 나를 보며 웃는 친구를 보니 역시 잘했다는 생각이 들었다.

　나와 친구는 밭 하나 사이를 두고 맞닿아 살았다. 우리 집에서 친구를 부르면 다 들릴 정도였다. 여름 방학 때는 종일 바다에서 헤엄치며 놀았다. 활동적인 친구는 나에게 수영과 뜨개질을 가르쳐 주었고 난 숙제를 대신해 주기도 했다. 친구는 남편 직장을 따라 울산으로 시집왔다. 나 역시 울산에서 터를 잡고 있었기에 가끔 만나 옛 추억에 잠기며 함께 차를 마셨다. 올해는 코로나로 인해 잠시 일을 쉬기도 해 함께 들판에 나가 쑥을 캐기도 하며 즐거운 시간을 가졌다.

　친구는 얼마 전 다니던 직장을 그만두고 가게를 열었다. 만사를 제쳐두고 달려가야 했는데 그렇게 하지 못했다. 자칫 친구와 멀어질 뻔했는데 이렇게라도 관계가 회복된 것이 참으로 다행이다.

　장마가 완전히 끝난 후 공사가 시작되었다. 물이 새는 곳을 비롯하여 이참에 옥상 전체를 방수하기로 했다. 항아리와 화분을 계단으로 옮기고 바닥은 빗자루로 깨끗이 쓸었다. 거무튀튀한 묵은 때를 벗겨내고 방수 도료 칠하기를 여러 번, 옥상은 매끈한 얼굴로 거듭났다.

　생명이 없는 것도 무관심으로 일관할 땐 탈이 생기듯, 아무리 친한 사이라도 미세한 균열로 틈이 벌어질 수 있다. 평소에 좀

더 신경 쓰고 관심을 기울여야 사물이든 사람이든 온전한 관계가 유지된다.

작은 틈이 어느새 큰 구멍이 된다는 걸 평소에는 잘 모르고 산다. 방심하다 일을 키운다. 옥상 윗부분으로 올라가 관심을 갖고 자주 살펴보았더라면 큰 공사비를 들여 수리하지 않아도 되었을 텐데…. 친구에게 전화 오기를 기다리지 말고 메모해 두었다가 개업 날짜가 임박했을 때, 내가 먼저 확인 전화를 했더라면 날짜를 놓치지는 않았을 것이다.

이번 주에 비를 몰고 오는 태풍 소식이 들린다. 시간을 내어 막힌 곳은 없는지 건물 전체를 꼼꼼히 살펴야겠다. 큰비가 내리면 어떤 일이 벌어질지 알 수 없기 때문이다.

일이 잘못되었다면 서둘러 방법을 모색해 보는 것이 중요하다. 벽체의 틈은 물리적인 것으로 메울 수 있지만, 인간관계는 회복하려면 많은 시간과 노력을 기울여야 한다. 친구에게도 예전보다 자주 안부를 물어야 틈을 메울 것 같아 나는 슬그머니 전화기를 든다.

윷놀이

 딸이 특별휴가를 받아 집으로 내려왔다. 서울에서 생활한 지 벌써 6년이다. 방송작가인 딸은 맡은 프로그램 녹화를 끝내고 자막만 쓰면 된다며 노트북과 간단한 소지품을 챙겨서 왔다. 이렇게 한 달을 계획하고 쉬기는 처음이다. 작업할 때마다 항상 어려움은 있지만, 이번 프로그램은 유독 강도가 높았다고 한다. 밤샘을 밥 먹듯 하고 몇 시간 눈 붙이고 출근할 때가 많았다. 코로나로 인해 마스크를 쓰고 일하다 보니 더욱 힘들었을 것이다. 그런 만큼 휴식이 간절히 필요했다.

 그동안 쌓인 이야기를 하느라 며칠은 순식간에 지나고 일주일이 넘어서자 각자 방에서 휴대폰으로 세상과 소통했다. 자연히 대화는 줄어들었다. 딸은 좀더 재미있는 시간을 갖고자 놀잇감을 구해 왔다. 펭귄얼음깨기, 악어이빨물리기, 윷놀이 세트 등 다양했다. 처음에 놀이를 하자고 했을 땐 좀 유치하게 느껴졌다. 나이가 몇인데 어린아이들이 하는 놀이를 하는가 싶어서다.

일과를 마치고 밤마다 새로운 놀이를 하나둘 접했다. 펭귄얼음깨기와 악어이빨물리기는 간단한 놀이라 며칠을 하다 보니 재미가 반감되었다. 윷놀이 또한 어릴 때부터 가족들과 많이 하여 새로울 게 없다고 생각했다. 그런데 새로 나온 윷놀이 세트는 윷 4개와 말 8개는 같은데, 윷놀이 판은 획기적이었다.

예전의 말판은 '모'가 나오면 다섯 칸을 가고 안쪽으로 가로질러 가게 되어 있었지만, 새로 나온 판은 길이 여러 갈래였다. '개'가 나와도 1칸 앞으로가 나오면 걸이 되고, 뒤로 2칸이 되면 제자리걸음이다. '도'를 올려놓은 판에 '빽도'가 나오면 도착점에 바로 다다랐다. 윷판은 변화무쌍하여 누가 이길지 예측불허다. 승리가 거의 눈앞에 와 있는데도 한 방으로 승이 뒤집히기도 한다.

윷은 긴장도 풀고 얽히고설킨 시름도 털어내는 아주 좋은 도구였다. 무엇보다 많이 웃을 수 있다는 것이 덤으로 작용했다. 하지만 방심하고 있다간 허를 찔리기 일쑤다. 말판을 어떻게 두느냐에 따라 결과가 달라지기 때문이다. 이것은 윷판에서만 적

용되는 것은 아니다. 코로나19는 우리가 방심한 틈을 타 빠르게 확산하고 있다. 종착역에 다다라 일상생활이 머지않았다고 여길 때 대유행이 다시 시작되어 힘을 빼는 것이 그렇다.

프리랜서로 일하는 딸은 프로그램을 옮겨 다닌다. 자유로운 것 같으면서도 고정된 직업이 아니라서 예민해질 때가 있다. 프로그램이 종착역에 다다르면 다음번 일을 염두에 두어 자유롭게 쉬지 못한다. 나는 그동안 힘들었으니 집에서 쉬면서 천천히 생각하라고 해도 그리 편치 않은 모양이다.

방송작가는 글만 잘 쓰면 되는 줄 알았다. 그런데 구성은 물론 섭외, 촬영 현장도 함께하는 경우가 많다. 관찰 예능은 사람의 일거수일투족을 녹화하는 것이라 의견 차이로 서로 힘들 때가 있다. 돌발 상황 발생 시에는 순발력을 발휘하여 일해야 한다. 프로그램이 바뀔 때마다 딸이 적응하는 게 버거워 보여 안쓰럽기도 하다. 하지만 자신이 선택한 길에는 흔들림이 없다. 절실함 뒤에 얻은 직업이었기에 힘들고 어려워도 묵묵히 견뎌내는 것 같다.

불규칙한 생활 개선을 위해 한 달 프로그램으로 헬스를 같이 하기로 했다. 일주일에 두 번 전문 PT를 받는다. 정해진 식단에 맞춰 음식을 섭취하고 규칙적인 운동을 하니 몸도 마음도 건강해지는 것 같다. 나는 아침 일찍 일어나 운동하고 오후에 일하는 게 자신이 없었는데 거뜬히 해 내고 있다. 딸은 그동안 만나지 못한 친구도 만나고 운전 도로연수도 하며 충전 중이다.

신규 방송 프로그램에서 작가를 구한다는 소식에 얼른 이력서를 넣는다. 면접 날짜가 잡히자 표를 예매한다. 방송작가란 직업은 새로운 일자리를 찾아 떠나는 게 당연하다. 또다시 프로그램을 선정하여 앞으로 나아가겠지만 그 길에 복병을 만날 수도 있다. 어떤 때는 왔던 길을 되돌아갈 수도 있고 길을 잃어 헤맬 수도 있을 것이다. 그러나 윷놀이가 앞으로만 나아가는 것이 아니라도 의외의 승리를 가져오듯, 딸의 앞날도 시행착오를 거쳐 탄탄해질 것이라 믿는다. 일터를 향해 떠나는 딸의 뒷모습을 더이상 아릿하게 바라보지 않는 이유다.

또 다른 가족

구피가 이사를 왔다. 딸아이가 친구에게서 분양받아 온 것이다. 꼬리를 연신 흔들며 요리조리 다닌다. 그 모습이 신기하여 일을 멈추고 한참을 바라보았다. 텅 빈 거실에 살아 꿈틀거리는 생명체는 바라보는 것만으로도 피로를 잊게 했다. 한참을 그렇게 있는데 이것도 얼마나 갈까 걱정이 앞섰다.

처음 시작하는 일은 항상 기대감으로 가득했다. 붓글씨를 배우는 것도, 헬스클럽을 다니는 것도 그랬다. 내 안에 경쟁의식이 강해서인지 무슨 일이든 처음 시작할 때는 남들보다 잘하려 애썼다. 그러나 한 달이 지나고 두 달이 지나면 슬슬 게으름을 피우고 싶어진다.

붓글씨는 결혼 전 한글을, 결혼 후에는 한문을 배웠으나 지금은 벼루나 붓이 깊숙한 곳에 잠들어 있다. 헬스는 지금도 일주일에 한두 번은 나가지만 처음 시작할 때와 비교하면 의욕이 많이 떨어진 편이다.

그래도 나의 구피 사랑은 한참을 이어갔다. 숨 쉬는 항아리를 사서 옮겨 담고 수초와 자갈도 깔아 주었다. 자신들을 반기는 걸 아는지 잠시도 가만 있지 않았다. 나는 틈날 때마다 들여다보는 것이 일상이 되었다. 외출할 때도 인사를 하고 돌아왔을 때도 제일 먼저 말을 걸어 아이들의 눈총을 받았다.

한 달이 지나자 암컷 한 마리의 배가 유난히 불룩해졌다. 새끼를 밴 것 같아 부화기를 사 왔다. 새끼를 낳으면 어미가 바로 잡아먹는다고 해서 반신반의하면서도 혹시나 해서 항아리에 부화기를 넣고 격리시켰다. 그런데 스트레스를 받아서인지 한참이 지나도 새끼를 낳지 않았다. 하는 수 없이 부화기를 물 밖으로 끄집어냈다.

다음날 일어나 항아리를 보니 꼬물꼬물한 것이 보였다. 밤새 낳은 새끼였다. 잡아먹힐까 봐 작은 항아리에 새끼만 옮겨 담았다. 어미에게는 큰일을 한 것이 대견하여 먹이를 듬뿍 주었다. 새끼에게는 며칠 지나고 난 후 먹이를 주어야 한단다. 나는 열대어의 습성에 대해 잘 알지 못해 딸아이가 시키는 대로 했다.

구피의 번식력은 놀랍도록 빨랐다. 기하급수적으로 식구가 늘었다. 처음엔 마냥 새끼 낳는 것이 신기했는데 시간이 지나면서 많은 걸 어떻게 해야 할지 난감했다. 고민하다 가까운 사람들에게 분양하기로 했다. 딸아이 친구에게 우선 열 마리를 분양하고 집으로 수업하러 오는 학생들에게 열 마리씩 나누어 주었다. 딸아이가 처음 구피를 가져왔을 때 친구가 고마워했다고 한 말을 이해할 것 같았다.

　명절이 되어 친척들이 왔다. 그 사이 구피는 엄청난 숫자로 늘어났다. 처음 가져왔을 때 설레었던 마음은 서서히 부담으로 다가왔다. 조카들은 엄청난 수를 걱정하는 나에게 처치하는 방법을 알려 주었다. 밥을 굶기든지 신문지를 덮어놓으면 수가 줄어든다고 했다. 사람의 마음이 이렇게도 빨리 변할 수 있다는 것에 당황스러웠다. 그래도 강제적으로 생명을 없애는 것에는 동조할 수 없었다.

　구피가 움직이지 않았다. 며칠째 먹이를 주지 않아 병이 난 것일까. 아니면 자신들을 어떻게 하려는 걸 눈치챈 것일까. 오전 내내 움직임이 없었다. 딸아이는 인터넷을 뒤적이더니 물이 차가워 그렇다며 온도조절기를 사 왔다. 물을 미지근하게 해주자 구피는 예전 모습으로 돌아왔다.

　함께한다는 것은 신경 쓸 일이 한두 가지가 아니다. 제일 힘든 게 물을 갈아주는 일이다. 뜰채로 구피를 다른 곳으로 옮기는데 자꾸만 빠져나갔다. 자신을 잡으려는 것을 아는지 요리조리 잘도 피해 다녔다. 한갓 미물이라도 본능적으로 위험에 처했다는 걸 감지하는가 보다. 깨끗이 청소해 주려는데 바보같이 그 마음도 모른단 말인가. 청소를 빨리 끝내려는 마음은 구피들의 움직임을 더욱 빠르게 했다. 시행착오 끝에 겨우 청소를 마쳤을 때는 한참의 시간이 흐른 뒤였다.

딸아이가 유학을 떠났다. 자기가 돌아올 때까지 구피를 잘 키워야 한다고 신신당부했다. 짐을 챙기는 동안은 어서 보내야 거실이 정리될 것 같았는데 막상 떠나고 나니 집이 텅 빈 것 같았다. 아이 방에 들어가 멍하니 앉아 있는 날이 많아졌다. 돌아올 날도 멀었는데 괜히 침대보도 다시 빨았다. 그래도 마음은 적적했다.

한동안 눈에 보이지 않던 구피가 눈에 들어왔다. 먹고 할 일이 없어 새끼만 낳는다고 타박했는데도 꿋꿋하게 자리를 지키고 있었다. 먹이도 대충 주고 자주 들여다보지 않아도 항아리 안에서 잘 먹고 잘 커서 새끼도 쑥쑥 낳았다. 새삼 구피들이 대견해 보였다.

꽃집에 가서 화초를 사 왔다. 구피가 있는 항아리 옆에 졸조름히 놓았다. 길게 뻗어나가는 화초를 잘라 물속에 넣어 주니 화초 사이를 왔다 갔다 하며 연신 꼬리를 흔든다. 구피들이 자유롭게 헤엄치는 것처럼 딸이 해외에서 순조롭게 꿈을 펼쳐나 갔으면 하는 바람이다.

  나의 구피 사랑은 다시 시작이다.

불빛

 군대 간 아들이 신병 교육 수료식을 했다. 5주차 훈련받은 증표로 이등병 계급장을 부여받았다. 계급장을 달아주는 내 손이 가늘게 떨렸다.

 춘천에 있는 102보충대에 입대하는 날, 아들은 평소와 달리 말이 없었다. 간간이 내쉬는 한숨이 긴장된 마음을 대변했다. 하필 강원도 골짜기에 떨어졌다고 투덜대는 아들에게 공기 좋은 곳에서 자연이 주는 최고의 선물을 받는 것은 선택받은 사람만 가능하다며 위로의 말을 건넸다. 아들은 내 말이 귀에 들어오지 않는지 머리를 뒤로 젖히며 눈을 감았다.

 신병들은 모두 운동장으로 모이라는 안내방송이 흘러나오자 부모들은 갑자기 바빠졌다. 아들을 안고 눈물을 보이는 사람,

헤어지기 아쉬워 손을 놓지 않는 사람들을 보며 나도 아들을 안았다. 얼굴이 너무 굳어 있어 힘들더라도 잘하기를 바란다는 말은 나오지 않았다.

첩첩산중에 아이를 두고 오려니 마음이 쓰여 자꾸만 뒤돌아봐졌다. 길가의 풀들도 삼복더위에 탈진했는지 고개를 푹 숙이고 있었다.

얼마 후 아들에게서 편지가 왔다. 밤에 근무를 서면 집 생각이 많이 난다며 벌써 집이 그립단다. 편지를 읽고 있으니 옛날 고향 마을에 있던 군부대가 떠올랐다.

어스름이 깔리면 군인들은 해안 경계근무를 섰다. 수업을 늦게 마치고 집으로 돌아올 때면 도로는 칠흑같이 어두웠다. 군인들은 동네를 지날 때마다 길을 비춰주기도 해 친근하게 다가왔다.

우리 집 들어가는 입구에도 군인 두 명이 근무를 섰다. 친구를 만나고 오거나 저녁을 먹고 시원한 바닷바람을 쐬러 나가면 어김없이 경계근무를 서고 있었다.

중3 때 시험 기간이었다. 그날도 알전구 스탠드에 의지해 공부하다 졸린 눈을 비비고 있을 때였다.

똑똑!

"실례합니다."

내 귀를 의심하며 문을 보니 그림자가 어른거렸다. 한밤에 너무 놀랐다. 그렇지만 언니도 있고 큰방에 아버지도 계시기에 망설이다 문을 열어보니 달빛에 군복을 입고 총을 멘 사람이 보였다.

"무슨 일이세요. 이 밤중에?"

"깊은 밤 이 동네에서 불빛이 보이는 집은 이 집뿐이라 늘 궁금했습니다. 다음에 밝은 날 다시 찾아뵙겠습니다."

군인은 죄송하다는 말을 거듭하며 바람처럼 사라졌다. 언니는 다행히 깊은 잠에 빠져 일어난 일을 몰랐다. 공부할 생각은 저만치 달아나고 불을 끄고 누웠으나 군인이 왜 왔을까 궁금하여 쉬 잠이 오지 않았다.

중학교를 졸업하고 도회지에서 학교 다니며 가끔 집으로 갔다. 추석 명절날이었다. 웬 군인이 날 찾아왔다. 예전에 우리 마을에서 군복무할 때 나를 본 적이 있다고 했다. 언니들은 이 광경을 보며 슬며시 웃어 너무 부끄러웠다. 명절이라 간단한 음식을 차려주니 맛있게 먹은 군인은, 나와 함께 읍내에 가서 영화 구경하고 싶다고 했다. 큰언니에게 허락받았으나 동네를 벗어나려니 겁이 났다. 학생 신분에 군인과 같이 다닌다는 소문이라도 나면 큰일이란 생각이 들었다.

군인 아저씨는 내 마음을 알아차렸는지 영화 구경은 그만두고 잠시 이야기하자고 했다. 백사장에 앉아 자신의 이야기를 들려주었다. 서울에서 대학을 다니다 군대에 왔고, 시골에서 밤늦게 공부하는 아이는 처음 보았다고 했다. 나는 아저씨가 호감 가는 얼굴이 아니어서 조금 실망스러웠다. 그래도 착착 감기는 서울말은 귓가에 오래도록 남았다.

  지금은 어디에서 무얼 하고 있을까. 서울에서 경북의 먼 해안가로 떠나보낸 그의 부모 마음을 이제야 헤아리게 된다. 울산의 내 자식이 강원도의 먼 산골에서 군복무를 하기에 그날의 영상이 새삼 떠오른다.

  군대에 입소한 자식들의 소식을 볼 수 있는 사단 인터넷 카페가 창을 열었다. 하고 싶은 말을 써서 올리면 아들에게 전해준다고 해 매일 숙제하듯 썼다. 그곳은 다른 훈련병 가족들이 올린 편지도 볼 수 있는 공개된 장이었다. 자식에 대한 믿음과 힘내라는 글이 많았다. 가끔 닭살 돋는 연애편지를 덤으로 읽는 재미도 있었다. 식단표는 어떤지, 무슨 훈련을 받는지 비교적 상세하게 올라와 있어 조금은 안심이 되었다. 하루 시작을 부대 카페를 여는 것으로 하였고 온통 신경이 아이에게 곤두세워졌다. 하물며 그 시절, 서울에서 손편지가 오기만을 기다렸을 그의 부모는 얼마나 마음을 졸였을까.

  서울과 경북의 먼 거리, 도심의 화려한 불빛을 접하다 불빛

한 점 없는 곳에서 철썩철썩 파도 소리를 들으며 밤새 근무를 서며 느꼈을 막막함…. 그러고 보면 밝은 도시 불빛 속에 익숙했던 그는 우리 고향 마을의 칠흑 같은 어둠 속에 보초를 서면서 극도의 고립감을 느꼈을 것이다. 그래서 한지창으로 흘러나오는 불빛을 따라 발걸음이 절로 옮겨진 것이리라.

군대 신병수료식 후 아들과 함께 있다가 정해진 시간에 데려다주고 차에 올랐다. 어둠이 서서히 내리고 있었다. 강원도에서 집으로 돌아오는 길은 멀었다. 대구쯤 내려오자 비가 세차게 퍼부었다. 도로는 안개에 갇혀 잘 보이지 않았다. 오로지 앞 차량의 불빛에 의지해서 가는 수밖에 없었다. 아들도 군복무가 끝나면 집이라는 따뜻한 불빛을 찾아 이 길을 따라올 것이다. 그날이 손꼽아 기다려진다.

5.
내 안의 뜰

길 위의 사진첩

　친척이 전해 준 소식을 듣고 고향길에 올랐다. 만사를 제쳐두고 한달음에 간 것은 만만하게 보일 수 없다는 오기가 발동했기 때문이다.
　국도를 타고 벚꽃이 흩날리는 경주를 지나 짭조름한 해조음이 풍기는 다리에 올라 오십천을 바라본다. 모두가 예전 그대로인데 어딘가 모르게 낯설다. 매서운 강바람에 목도리를 칭칭 감고 다녔던 아이는 학부모가 되어 그 다리 위에 서 있다. 일렁이는 강물 위로 갈매기가 허공을 가른다.
　다리를 건너니 움직이는 대게 모형이 눈을 덮친다. 즐비한 횟집 앞에는 손님들을 끌어들이느라 분주하다. 좁은 비포장 길을 달렸던 버스는 예나 지금이나 굼벵이처럼 달린다. 버스 안은 항상 콩나물시루 같아 우리 동네 아이들은 타지 못할 때가 많았다.

 시원한 해안선을 타고 한참을 달려 내가 어릴 때 살았던 마을에 도착했다. 초록색 함석지붕과 드넓은 마당이 사라진 집터엔 펜션이 들어서 있다. 아버지가 편찮으셔서 큰오빠 집으로 거처를 옮기며 급히 집을 처분했기에 아쉬움은 더 컸다. 그때 남은 논밭을 지인에게 맡겼는데 얼마 전, 그 땅이 다른 사람 명의로 되었다는 것이다. 우리 형제는 아버지가 피땀 흘려 일군 땅이 없어졌다는 사실에 가슴이 철렁 내려앉았다.

 개발 바람으로 땅값이 널뛰듯 오르자 동네는 하루도 조용할 날이 없었다. 형제간이 틀어져 버린 집이 있는가 하면, 믿었던 사람이 조치법을 악용하여 땅을 빼앗아 가 버린 경우도 있었다. 우리 집도 예외는 아니었다. 지인은 우리 땅을 동네 이장과 결탁하여 다른 사람에게 팔았고 그 땅은 다시 여러 사람을 거쳐 마지막으로 산 사람이 담보 대출을 받았다. 그런데 돈을 갚지 않아 은행에서 압류가 들어온 상태였다.

 참으로 난감한 노릇이었다. 어떻게 남의 땅을 이렇게 마음대로 농락할 수가 있단 말인가! 친정 식구들이 한곳에 모였다. 아버지가 돌아가신 후 이렇게 일사불란하게 모이기는 처음이다. 바다가 훤히 내다보이는 땅이라 마음은 더 타들어 갔다.

여러 경로를 통해 알아보니 예전 이장이 부동산을 하면서 고향에 살고 있지 않은 사람들 땅만 골라 일을 저질렀다고 했다. 피해를 본 사람은 많았으나 시골 사람들은 속수무책 당하고만 있었다.

우리는 땅을 처음 불법으로 가져간 사람을 찾아가 원위치로 돌려 달라고 했다. 하지만 명의는 벌써 다른 사람에게 넘어가 버렸다. 돈을 다 써버린 사람은 버티기 작전으로 나갔다. 우린 근본적으로 문제가 있는 사람들을 고발하기로 했다.

검찰청에서 피고인들을 대면했다. 본 재판에 들어가기 전, 분쟁조정위원들이 나와 서로의 입장을 경청했다. 나는 땅을 자신의 명의로 해 판 사람보다 동네 이장에게 더 큰 책임이 있다고 말했다. "동네 사람들의 손과 발이 되어야 할 이장이 부동산임대업을 하면서 사람들을 부추겨 남의 땅을 가로채 수수료를 챙긴 죄질이 심히 나빠 용서할 수 없다. 제2, 제3의 피해자가 나오지 않도록 일벌백계로 다스려야 한다."고 힘주어 말했다. 이장은 눈을 동그랗게 뜨고 날 쳐다보며 "OO네 막내딸 아닌가. 벌써 이렇게 컸나…." 주저리주저리 과거 아버지와의 친분을 이야기했다. 나는 더 듣고 싶지 않아 "그래서 모르는 사람도 아니고 아는 사람 땅을 그렇게 꿀꺽하신 게 잘한 일인가요?"라고 다그치자 그제야 잘못되었다고 시인했다. 앞으로 다시는 이런 일이 없도록 하겠다는 다짐을 받고 마무리지었다.

 결국 땅은 찾지 못하고 팔았을 당시의 금액만 받고 합의해 주었다. 시세로 보면 땅값은 몇십 배가 뛰었지만, 형편이 어려운 사람을 어떻게 할 수가 없었다. 법의 심판을 물어 엄하게 다스리고 싶었다. 하지만 고향 사람이라는 게 발목을 잡았다. 지금 그 땅이 그대로 있었다면 고향을 더 자주 찾는 계기가 되지 않았을까. 아쉬운 마음은 이루 말할 수 없었지만 우리는 부모님의 자존심을 지켜냈다는 것으로 위안 삼았다.

 마을을 둘러보다 예전에 가깝게 지냈던 이웃집에 인사차 들렀다. 모두 연로하셔서 따뜻한 차 한 잔 기대할 수 없었다. 지나가던 사람도 그냥 보내지 않던 옛날 인심은 개발 바람이 휩쓸고 가 버린 것일까. 타는 목마름을 뒤로하고 자리에서 일어났다. 이제 마음에 자리한 고향은 서서히 잊혀갈 것이다.

 답답한 마음을 갈앉히려 바다가 보이는 곳으로 걸음을 옮겼다. 물막이용 콘크리트가 시커멓게 늘어선 모습이 을씨년스러웠다. 조약돌과 반짝이던 백사장은 사라지고 떠밀려온 쓰레기만 나뒹굴 뿐이었다. 변해버린 고향 인심을 대변하는 것 같아 씁쓸했다.

 철썩이는 파도가 메마른 인정의 울음인 양 등을 떠밀고 있었다.

수선집

　재래시장을 누비며 가게를 살핀다. 이 골목 저 골목을 기웃거려 보아도 간판은 보이지 않는다. 하는 수 없이 토박이로 보이는 사람에게 "여기 우산 수선집 어디 있나요?"라고 물으니 골목 끝을 가리키며 "저쪽에서 왼쪽으로 들어가면 있다."고 한다. 등 뒤에서 벌써 퇴근했을지도 모른다는 소리가 희미하게 들린다.

　미로처럼 좁은 골목을 따라가다 겨우 찾은 수선집은 생각보다 넉넉하다. 에어컨도 있고 나무 의자도 있어 손님이 기다리기에도 불편함이 없어 보인다. 양산이나 우산은 별로 없고 실꾸리가 벽에 가지런히 진열되어 있다.

　"혹시 양산 고칠 수 있나요?" 조심스레 물으니 우선 양산을 봐야 한다며 이리저리 살피더니 가능하다고 한다. 잠시 기다리라고 해 의자에 앉아 찬찬히 가게 안을 살펴본다. 문에는 가격표가 붙어 있다. 손님에게 바가지요금을 씌우지 않겠다는 것으로 읽힌다.

양산은 고장난 지 여러 해가 지났다. 처음에는 살 하나가 망가졌는데 바람 부는 날에 쓰고 나갔다가 하나 더 망가뜨렸다. 고치려고 수선집을 찾아보았다. 그러나 폐점한 곳만 눈에 띄었다.

수선하고자 하는 양산은 선물로 받은 것이다. 선물한 사람의 정성이 담긴 물건이라 소중하게 사용했다. 가볍고 자그마해서 가방에 쏙 넣고 다녀도 무게감이 느껴지지 않아 비상용으로 안성맞춤이었다. 하루는 외출했는데 비가 쏟아졌다. 마침 양산이 가방에 있어서 우산 대신 쓰고 다녔다. 한번 그렇게 하고 나니 양산이 우산으로 쓰는 날이 많아졌다. 어느 날 살이 툭 부러졌다. 더 방치하다간 못 쓸 것 같아 집에서 가까운 수선집을 찾았다. 하지만 이용하지 않는 사이 없어져 버렸다.

살이 부러져 너덜거리는 양산을 쓸 수 없어 한동안 다른 양산을 쓰고 다녔다. 그런데 자꾸만 그 양산이 생각났다. 누군가 메이커 있는 양산은 AS가 된다고 해서 고객센터를 찾아갔다. 대답은 고칠 수 없다는 거였다. 단지 양산살이 부러진 것인데 고칠 수 없다니 안타까웠다. 이렇게 못 쓰게 되는 물건이 한둘

이 아닐 것 같아 꼭 수리해야겠다고 마음먹었다.

언제부터인가 우리 주변에는 점점 사라지는 것이 많다. 불과 몇 해 전만 해도 시장에서 수선집을 찾기란 어렵지 않았다. 신발 수선집을 비롯해 간단하게 고쳐주던 전파 수리점, 옷 수선집도 많았다. 재래시장 입구에서 신발과 우산을 수선해 주던 할아버지는 친정아버지를 보는 듯 푸근하여 자주 찾곤 했다. 그런데 수선집이란 정겨움의 대명사는 어느 날 슬그머니 자취를 감췄다.

수선을 의뢰하고 기다리는 동안 주인에게 요즘 왜 이렇게 수선집이 없는지 물어보자, 수입 우산이 들어오고부터는 사람들이 굳이 수선해서 쓰지 않는다고 했다. 중국산이 들어와 가격 경쟁에서 밀려나 사람들이 고쳐 쓰는 것보다 새로 구입하는 걸 더 선호하게 되었다는 것이다. 고쳐 쓰는 사람이 줄어드니 자연스레 손님이 줄어 일찍 퇴근하는 날이 많다고 했다. 물건을 생각 없이 버리고 다시 사는 게 반복되는 동안 수선집은 차츰 설 자리를 잃어버렸다.

지금은 하루가 다르게 변화하는 세상이다. 변하지 않고는 시대에 뒤처짐은 말할 것도 없다. 국제정세의 다변화 속에 살아남으려면 극단의 조처도 필요하다. 과거의 추억이 애달프다고 언제까지 끌어안고 살 수는 없다. 하지만 아무리 광속도로 세상이 변해도 변하지 말아야 할 것도 있다. 우리가 비용을 더 지불하더라도 중심에 두어야 할 가치는 지켜나갔으면 한다.

주위에는 아직 폴더 폰을 사용하는 사람이 여럿 있다. 단체 카톡으로 보내야 할 것도 개인 문자메시지로 보내며 사진 또한 전송 시 별도로 보내야 한다. 카톡처럼 한꺼번에 사진을 많이 보낼 수 없어 번거롭긴 하다. 그렇지만 그 사람의 소신에 대해 이런저런 말을 하고 싶지는 않다. 나름의 철학이 있기 때문이다.

양산 살 두 개를 고치고 4천 원을 지불한다. 주인은 양산을 어떻게 펼쳐야 살이 부러지지 않는지 손수 시범을 보여준다. 나는 사연이 있는 양산을 이렇게 고쳐주셔서 감사하다는 마음을 담아 허리를 깊숙이 숙여 인사를 한다. 덧붙여 오래도록 일해 주십사 부탁드리며 가게를 나선다.

따가운 햇살이 얼굴에 쏟아진다. 나는 조심스레 양산을 펼쳐 든다.

쭉정이

시장에 나갔다가 갓 딴 산초 열매를 사 왔다. 아직 마르지 않은 열매를 거실에 신문지를 깔고 얇게 펼쳐 널었다. 특유의 향이 코에 훅 와닿는다. 발그레한 껍질 안에 까만 알맹이가 들어있다. 반질반질한 모양을 보며 이것이 열매라는 확신을 가졌던 때가 떠올라 두 볼이 산초 껍질처럼 붉어진다.

시댁은 김씨 집성촌에 자리하고 있다. 해마다 도포를 입고 제실에서 조상을 받들며 격식과 예의를 중시한다. 그래서일까. 명절에 집안사람들이 방문하면 꼭 상을 차려 대접한다. 명절 음식이라고 해야 나물과 기름진 전이 대부분이어서 어머님은 깔끔한 추어탕을 끓여 손님에게 대접하길 즐기셨다. 결혼하여 처음 맞닥뜨린 시댁의 낯선 풍경이었다.

나는 어촌에서 자라 고등어를 삶아 뼈를 추려 그 국물에 수제비를 끓여 먹었던 기억이 전부다. 그래서 추어탕을 먹어본 적이 없는 것은 물론이거니와 어떻게 끓이는지도 몰랐다.

끓이는 순서는 이렇다. 우선 살아 꿈틀대는 미꾸라지에 소금을 뿌려 소쿠리를 덮어놓으면 타다닥타다닥 튀어 올라 발버둥을 친다. 그 모습을 보지 않으려고 난 슬그머니 자리를 피한다. 한참 시간이 지나고 이제 잠잠해졌다 싶으면 어머님은 호박잎으로 미끈거리는 이물질을 씻어내고 미꾸라지를 푹 삶는다. 삶겨진 미꾸라지는 으깨어 체에 거른다. 몇 번 똑같은 과정을 거친 후 끓일 만큼의 물을 붓는다. 그리고 시래기 삶은 것을 된장에 치대어 솥에 넣는다. 여기까지가 어머님이 해주시는 추어탕 끓이기의 준비과정이다.

이후부터는 내 몫이다. 불에 올려놓은 국솥을 지키고 있다가 국이 끓기 시작하면 부추와 방아잎, 파, 마늘 찧은 것을 넣고 한 번 더 끓이면 얼추 끝난다. 국을 퍼서 먹기 직전에 마늘과 고추 다진 것을 넣고 마지막에 산초가루를 넣는다. 산초가루는 추어탕에 꼭 넣어야 특유의 뻘 냄새를 잡아주고 담백한 맛을 느낄 수 있다. 이렇게 끓인 국을 손님들에게 대접하면 '시원하다'를 연발하며 드신다. 어떤 분들은 꼭 산초가루를 넣어야 제맛이 난다며 허허 웃으신다.

결혼 초, 친구와 산에 단풍 구경을 갔다가 산초 열매를 발견했다. 반가운 마음에 열매를 한가득 따와 거실에 널어놓았다. 며칠이 지나자 빨간색 열매는 점점 갈색으로 변하고 껍질이 입을 벌렸다. 그제야 감춰져 있던 검은 열매가 모습을 드러냈다. 난 껍질은 버리고 까만 알맹이를 골라 봉지에 담아 두었다.

주말에 시댁으로 갔다. 산초가 든 봉지를 받은 어머님이 "산초는 어디에다 두었니?"라고 물으셨다. 나는 껍질은 버리고 열매만 골라 담아왔다고 했더니 박장대소하시며 "알맹이는 까만 씨앗이 아니고 갈색 껍질이다."라고 하셨다.

산초 열매의 쭉정이와 알맹이를 구분하지 못했던 나는 알맹이를 골라 담았다고 생각했다. 하지만 오히려 알맹이가 쭉정이였듯 내가 알맹이를 골랐다고 선택한 삶이 어른들 눈에는 쭉정이로 비칠 때가 있다.

언니는 가끔 나를 '헛똑데기'라고 한다. 세상 물정 모르는 순진한 나를 이르는 말인 걸 안다. 결혼하기 전 아버지의 허락을 받으러 인사하러 갔다. 언니를 비롯하여 가족들이 눈을 반짝이며 우리를 맞이했다. 아버지는 외동아들이라 마음에 들지 않는다고 하셨고, 언니는 다부진 모습이 보이지 않는다고 탐탁지 않아 했다.

아버지는 회사가 영원한 직장이 될 수 없다는 걸 미리 아셨는지 회사에 다니지 못하게 되면 어떻게 살 것인지 물으셨다. 그대답에 남편은 "똥장군을 져서라도 처자식을 먹여 살리겠다."고 답했다. 똥장군을 수없이 지고 농사를 지은 아버지에게 강렬한 인상을 심어주었음은 더할 나위 없다.

　가족의 염려를 뒤로하고 결혼했다. 살면서 염려가 현실이 되어 눈물을 쏟은 적이 한두 번이 아니다. 그때마다 했던 말이 귓전에 맴돌았다. 그렇지만 살다 보니 쭉정이는 아닐까 생각했던 남편의 일면이 알맹이라는 걸 세월 속에서 발견하게 되었다. 이제는 세상 물정도 어느 정도 알고 사람들의 면면도 들여다볼 줄 아는 반똑떼기는 되어가고 있으니 그나마 다행스럽지 않은가.

　사람들은 처세술이 강한 사람이 기회를 잘 활용하는 알맹이라 여기지만, 지금까지의 경험을 비추어보면 쭉정이 같다고 생각한 사람이 심지가 깊고 우직한 걸 많이 보아 왔다. 겉으로 드러나는 것이 전부가 아닌 내면에 단단한 집을 짓고 강한 바람에도 흔들리지 않는 그런 꿋꿋함이 오래도록 지탱하는 힘이라는 걸 터득했다고나 할까.

　산초 열매를 나처럼 구분하지 못하는 사람이 있을 것이다. 사람살이가 다 그러하듯 알맹이가 있으면 쭉정이도 있어야 한다. 처음부터 알맹이가 따로 있는 것은 아니다. 이렇듯 어우러져 살아야 순조롭게 살 수 있다. 쭉정이도 알맹이에 버금가는 가치를 지니고 있는 게 많지 않은가.

쿠폰

> 2만원 구매시마다 쿠폰1장 증정
>
> 쿠폰 20장 곰국 1세트
>
> 쿠폰 30장 소국거리 1근(600g)
>
> 쿠폰 50장 소갈비(찜용) 1kg
>
> 쿠폰100장 곰거리 세트(사태 小, 사골, 등뼈)

 쌓여 있는 쿠폰을 가만히 들여다본다. 2만 원 구매 시 한 장을 주는 식육점 쿠폰이다. 일 년에 몇 번의 기제사와 가끔 손님 초대도 하기에 식육점을 자주 가는 편이다. 30여 년 시장을 이용하다 이 가게 단골이 되기까지는 여러 번 시행착오를 거쳤다.

괜찮다 싶어 단골로 삼으려고 하면 고기가 예전과 다르거나 주인의 태도가 별로였다. 그걸 가지고 실랑이를 벌일 생각은 없었다. 그냥 슬그머니 그 가게를 가지 않는 방법을 택했다. 그러다 정한 곳이 쿠폰을 주는 식육점이었다.

단골 식육점은 젊은 내외가 운영했다. 가게 입구에 도축한 고기 등급 라벨을 붙여놓아 믿음이 가고 다른 집보다 신선해 보였다. 무엇보다 2만 원 구입 시 쿠폰을 한 장씩 주는 게 매력으로 다가왔다.

쿠폰이란 게 은근히 소비자를 유혹하는 힘이 있다. 물건을 사고 돈을 지불하는 건 당연한데 덤으로 준다면 구미가 당긴다. 하지만 마트나 백화점에서 할인 쿠폰으로 산 물건이 실은 잘 사용하지 않은 경우가 많았다. 그런데 언제나 조리해서 먹을 수 있는 식품은 예외였다.

식구들은 갖가지 야채로 반찬을 차려놓아도 고기가 없으면 젓가락을 느리게 움직인다. 예전에 건강을 내세워 될 수 있으면 시골에서 가져온 푸성귀로 밥상을 차렸다. 아니, 건강보다는 빠듯한 생활비로 고기를 자주 사 주지 못했다. 훗날 아이들이 "한창 자랄 때 영양가 있는 음식을 해 주지 않아 키가 훌쩍 자라지 않았다."라며 항변했다. 물론 남편과 내 키가 그리 큰 편이 아니어서 아이들이 아주 클 것이란 기대는 하지 않았지만, 그런 말을 들을 땐 마음이 편치 않았다.

　나는 미안함을 보상이라도 하듯 가족이 한자리에 모이는 날이면 고기를 사 왔다. 시장에 그냥 들렀다가도 주인이 나를 알아보고 밝게 인사하는 모습에 끌려 지갑을 열곤 했다. 식육점은 우리 집에서 시장으로 들어가는 길목에 있어 이래저래 자주 드나들게 되었다. 한 근에 1만5천 원이면 되는데 쿠폰을 염두에 두어 2만 원을 채우는 식이었다. 그러다 보니 쿠폰은 생각 외로 빨리 모였다.

　드디어 쿠폰 20장을 모았다. '곰국 한 세트'가 생겼다. 반찬도 없는데 곰국으로 한끼를 때울까, 곰국을 데워 파를 송송 썰어 얹으면…. 생각만 해도 기분이 좋아졌다. 쿠폰을 챙겨 나가려다 다시 살펴보니 '30장 소국거리 1근(600g)'이라고 적혀 있었다. 순간 '아니 곰국 말고 국거리를 받을까? 그래 곰국은 어떤 뼈로 곤 것인지 알 수 없어 믿음이 가지 않아. 조금 더 모아서 국거리를 받아 시원한 소고기국을 끓이는 거야.'라는 생각이 들어 기쁨을 잠시 보류하기로 했다.

　처음 마음과는 달리 시간이 지나면서 쿠폰을 받으면 그냥 넣어두었다. 어느 날 서랍을 정리하다 쿠폰이 생각보다 많아 세어 봤더니 70장이 훌쩍 넘었다. 쿠폰에 쓰인 용도를 보니 애매했다. 50장을 추려서 가져가려니 20장 이상이 남아 한참 망설였다. 뭘 덤으로 달라고 하는 것이 머쓱한 데다 여러 번 들고 가는 게 눈치가 보였다. 그럴 바에야 차라리 100장을 채워 교환하는 게 낫다는 생각이 들었다.

드디어 고대하던 100장을 채웠다. '곰거리 세트 (사태 小, 사골, 등뼈)'가 생겼다. 이 정도의 쿠폰을 내밀면 주인도 기쁜 마음으로 받아주리란 생각이 들었다. 위풍당당하게 식육점에 들어섰다. 그런데 며칠 사이에 주인이 바뀌었다. 동생이 하던 걸 누나가 하고 있었다. 동생은 다른 곳에서 식육점을 운영한다고 했다. 형제간인데 그간의 거래를 참작해 줄줄 알았다. 그런데 딱 잘라 구분 지었다.

쿠폰 100장이 모이는 동안 소박한 꿈을 꾸었다. 한끼 식사에 쿠폰이 주는 즐거움을 생각했다. 일상 속에 폭죽 같은 이벤트를 상상한 것인데 물건너가 버렸다. 나에게도 잘못은 있다. 바쁘고 번거롭다는 이유로 여러 번의 쓸 기회를 놓쳤다. 너무 황당했지만 '그까짓 거 안 먹으면 그만'이란 생각에 마음을 접었다. 그럼에도 식육점을 지나칠 때마다 애석함이 슬그머니 고개를 든다.

역시 쿠폰을 사용하는 건 타이밍이 중요하다. 조금씩 모일 때 바로바로 써야 한다. 예전에 치킨 쿠폰도 10장 모았을 때 전화를 하니 전 주인은 그만두었다며 거절한 적이 있다. 잔뜩 기대를 걸었다가 바람 빠진 풍선 꼴이 되지 않았던가.

　쿠폰은 고객의 돈주머니를 여는 방법을 터득하다 만들어 낸 기막힌 상술이다. 그렇지만 얄팍한 서비스는 오히려 소비자의 마음을 돌아서게도 한다. 좀더 사려 깊은 서비스였다면 나 같은 소비자는 충성 고객이 되었을 것이다. 쿠폰이 다 채워지려 할 때 사라져 버리면 불신을 줄 수밖에 없다. 재래시장의 상권을 살리는 데 일조한다는 어쭙잖은 공명심도 작용한 터라 더욱 뒷맛이 썼다.

　이번 일을 계기로 시간이 지남에 따라 나도 모르게 줄줄 새 나가는 돈을 챙겨보기로 했다. 마일리지, 멤버십도 마찬가지다. 한꺼번에 다 쓰지 못하고 한 번에 사용할 수 있는 점수도 한정되어 있다. 항공권 마일리지, 주유소 마일리지, 통신사 멤버십 등 이제는 똑똑한 소비자가 되어 내 몫을 챙겨보려 한다. 그런데 무심함으로 쿠폰 100장을 날려버렸듯 슬그머니 자신이 없어진다.

팬데믹을 건너며

팬데믹 시대가 도래해 생활이 단순해졌다. 자주 안부를 묻던 사람들도 소식이 뜸하고 단체 모임도 무한정 연기되었다. 살면서 이런 시절이 올 것이라 상상이나 했을까.

평소 시간이 주어지면 해야겠다고 생각한 것이 참 많았다. 그렇지만 어디로 훌쩍 떠나지도 못하는 상황이라 시간을 그리 효율적으로 쓰지 못했다. 집에서 할 수 있는 일이란 그동안 밀린 일을 하는 것이었다. 먼저 방마다 쌓아둔 책을 정리해 보기로 했다. 나는 책에 대한 욕심이 많다. 결혼할 때도 다른 건 정리해도 책은 고스란히 들고 왔다. 월간지를 읽고 나서도 버리지 않고 모아두었다. 쓰임새가 있어서 그런 건 아니었다. 그냥 책이 좋아서였다.

그러다 매달 새로운 책을 읽을 수 있다는 설렘으로 독서지도사라는 직업에 발을 들였다. 책을 읽다 보면 어느새 내가 주인공이 된 양 깊이 빠지게 된다. 외롭고 고단한 삶의 여정에 동반자가 되고 스승도 되었다. 지식의 깊이에 매료되어 밤을 새우기도 했다.

한 달에 스무 권 이상의 책이 책꽂이에 꽂혔다. 처음엔 보는 것만으로도 뿌듯했다. 한 칸 한 칸 책이 채워지는 재미가 쏠쏠했다. 그러다 어느새 방 가득 찼다. 그다음엔 또 다른 방 책꽂이를 잠식하고 급기야 온 방이 책으로 덮였다. 책을 보며 느꼈던 희열은 어느새 가슴을 짓눌렀다.

이참에 책을 정리하기로 마음먹고 방을 치우기 시작했다. 평소 잘 보지 않는 책은 분류하여 노끈으로 묶었다. 내가 소속되어 있는 협회의 책은 따로 챙겨 두었다. 처음 문단에 발을 들여놓았을 때 한 권의 책이 얼마나 소중했던가. 문득 어머님이 돌아가시고 시골집을 정리하던 생각이 났다.

누구나 자신의 임종을 예측할 수 없듯 당신도 그렇게 허망하게 가실 줄 알기나 하셨을까. 부산의 이름난 대학병원에서 수술한 보람도 없이 혼수상태에 빠져 잠시 좋아지는가 싶더니 그렇게 생을 마감하셨다.

사십구재 동안 틈틈이 시댁에 들러 살림을 정리했다. 장롱에

든 옷을 비롯하여 부엌살림은 화수분 같았다. 한 번도 입지 않은 옷이 줄줄이 나왔다. 모시와 삼베로 만든 고운 옷을 그냥 버리기에는 너무 아까웠다. 그릇도 예상한 것보다 많아 마을 회관에 기증했다. 그걸 다 처분하면서 나는 저렇게 살지 말아야겠다고 다짐했다. 그런데 내가 어머님의 나이가 되고 보니 살림살이는 더 늘어나 있었다. 묵은 살림이란 것이 이렇게 세월 따라 더께더께 쌓이나 보다.

책을 정리하다 기준을 조금 달리해 보았다. 내가 꼭 남겨야 하는 것이 무엇일까. 어머님의 살림을 정리하며 느꼈던 감정을 대물림하지 않아야겠다는 마음을 다졌다. 책을 출간하여 보내고 다른 사람들에게 받고 하는 일이 그렇게 큰 의미가 있을까 하는 의구심도 일었다.

근래에 와서 배달되는 책의 양이 엄청 늘었다. 출간되기까지의 과정이 만만찮다는 걸 아는지라 조심스레 열어보면 감동이 밀려올 때도 많지만 그렇지 않을 때도 있다. 그럴 때마다 혹시 내가 발간한 책도 부담으로 작용하지 않을까 돌아보게 된다.

코로나19가 주춤하는가 싶더니 다시 확산되었다. 본의 아니게 하던 일을 또다시 접을 수밖에 없었다. 무료함을 달래기 위해 이번엔 옷장을 정리했다. 유행이 지났거나 몇 년 동안 입지 않은 옷, 몸이 불어 더는 입을 수 없는 옷, 비싸게 사서 아깝다고 넣어 두었던 옷도 미련 없이 버렸다. 분리수거함에 옷을 하나씩 넣으며 새 주인을 만나 햇볕과 바람도 맞으며 활기차게 거듭나기를 바라며 함께 했던 날을 떠나보냈다.

팬데믹이 시작되기 이전에도 직업에 대해 한계가 올 때가 있었다. 언제까지 이 일을 할까 심각하게 고민하다 코로나19 복병을 만나 집에서 여러 달 쉬었다. 그렇게 원했던 휴식이 마냥 행복하지만은 않았다. 전염병이 아직 종식된 건 아니다. 하지만 삶을 돌아보며 앞으로 나아갈 방향을 다시 설정했다는 것이 힘든 가운데 얻은 깨달음이다.

하루빨리 이 상황이 끝나 신선한 공기를 마시며 힘차게 외치고 싶다. '코로나여 안녕!'이라고.

움트다

희붐한 새벽, 주말의 느긋함을 뒤로하고 자리에서 일어난다. 밤새 내려앉은 먼지를 털어내려 창문을 여니 차가운 공기가 훅 들이친다. 이불을 개켜 한쪽으로 밀쳐두고 주섬주섬 옷을 입고 주방으로 향한다.

으스스 몸이 떨린다. 패딩 조끼를 껴입고 현미와 잡곡을 씻어 압력솥에 안친다. 오늘 병원으로 가져갈 반찬을 만들기 위해 식재료들을 식탁에 펼쳐 놓는다. 국에 들어갈 고기를 삶고 야채를 데친다. 북어는 잘게 찢어 간장과 참기름 등을 넣고 조물조물 무친다. 껍질을 벗겨둔 더덕은 손질하여 양념장을 발라 구워낸다. 멸치를 볶고 매실장아찌를 무쳐서 반찬통에 차곡차곡 담는다.

비닐 가방에는 일주일 분량의 밥과 반찬이 들어 있다. 간식으로는 사과와 견과류, 삶은 계란이 있다. 바디 로션과 남편이 읽을 만한 몇 권의 책도 함께 넣는다.

신복로터리를 지나는데 등산복 차림의 사람들이 관광버스에 오르는 모습이 보인다. 남편도 예전엔 휴일마다 전국의 명산을 찾아 다니던 산 마니아였다. 사고만 없었다면 지금 저 행렬에 함께 있을지도 모른다. 이런저런 생각을 떨쳐내며 병원에 가는 것이 아니고 여행을 가는 거라고 스스로에게 마법을 건다.

고속도로에는 차들이 물샐틈없이 달린다. 컨테이너 화물차들이 뒤에서 밀어붙일 기세다. 핸들을 잡은 손에 힘이 가해진다. 차선을 바꿔 달리는데 승용차 한 대가 깜박이도 켜지 않고 갑자기 끼어든다. 나는 놀라서 얼른 브레이크를 밟는다. 매번 긴장을 놓을 수 없다.

액셀러레이터를 더이상 밟지 않고 속도를 조금씩 늦춰가며 3차선으로 이동한다. 빨리 달릴 땐 획획 지나치던 가로수도 눈에 들어온다. 무성하던 잎은 언제 다 떨어졌는지 뼈대만 남아 있다. 할 일을 다한 나무는 휴식을 취하며 다가올 봄을 기다리고 있으리라. 남편도 저 나무들처럼 느긋하게 즐길 수 있다면 좋았을 텐데, 한창 잎을 피워 올릴 시기에 수액이 빠져나가 버렸다.

차 안에는 음악이 흐른다. 장거리 운전에서 오는 무료함을 달래려 다양한 음악 CD를 싣고 다닌다. 병원으로 갈 때는 박자가 느린 음악을, 집으로 돌아올 때는 울적한 마음을 달래려 볼륨을 높여 신나는 음악을 튼다.

어느새 차는 다리에 올라선다. 낙동강이 훤히 보인다. 텁텁한 공기를 바꾸려 창문을 내리니 시원한 강바람이 들어선다. 강물은 변함없이 그 자리에서 날 반긴다. '오늘도 오느라 힘들었지. 한결같이 오르내리느라 애썼어. 그래 이제 조금만 기다리면 좋은 날이 올 거야. 그동안 잘 참아왔잖아.'

강물은 손 흔들며 저만치 흘러간다.

이 다리에만 올라서면 몇 년 전 버스를 타고 왔던 그날이 생각난다. 양손 가득 무거운 짐을 들고 전철을 갈아타고 역에 내렸다. 시내버스를 타고 몇 정거장만 가면 병원에 도착하는데 버스를 잘못 타서 다리를 지나쳐 내렸다. 볕이 강하게 내리쬐는 초여름이었다. 강물은 반짝반짝 빛나고 사람들은 나무 그늘에서 놀고 있었다. 모두가 한가로워 보이는데 나만 힘들게 사는 것 같았다. 이마와 등줄기에 흘러내리는 땀을 닦을 겨를도 없이 반대편 정류장으로 향했다. 병원에 들어서니 온몸에 힘이 빠졌다. 배가 고팠으나 입맛을 잃어 물만 들이켰다.

전화를 미리 해 두었더니 간병 이모가 주차장에 나와 기다리고 있다. 남편보다 그녀가 더 반가울 때가 있다.

"이제 오나. 뭘 이래 많이 가지고 왔노. 신랑이 눈 빠지게 기다린다. 어서 들어가자."

넉넉한 몸피만큼이나 성격 또한 털털하다. 무뚝뚝한 남편의 성격을 잘 받아내는 베테랑 간병인이다. 내가 오는 날이 그녀가 외출하는 날이라 목소리도 낭랑하다.

병실에 들어서니 남편이 손을 들며 씨익 웃는다. 점심시간을 넘기지 않고 도착해서 다행이다.

"오늘은 뭐 가져왔노."

입맛을 다시며 남편이 묻는다. 간병 이모는 내가 가져온 것을 하나둘 꺼내며

"하이고, 뭐 이래 많이 싸 왔노. 아침부터 이래 해가지고 온다고 얼마나 바빴겠노."

남편이 들으라는 듯 호들갑을 떨며 반찬통을 간이 식탁에 얹는다.

"국하고 김치만 올리 놓고 다른 건 다 치아 뿌라."

'우째 저래 말을 못할꼬.' 서운한 마음이 스멀스멀 올라온다.

남편은 속은 깊어도 다정다감한 맛은 없다. 오랜 병상 생활로 평소보다 더 말이 없어졌다. 처음에는 갑작스에 닥친 자신의 상황을 받아들이지 못해 거의 먹지 못했었다. 이제는 몸이 많이 좋아져 반찬 투정까지 하니 고맙기만 하다. 꼭 일어선다는 각오

로 재활에 전념하고 있는 사람이기에 나는 서운한 마음을 접는다.

 빈 반찬통을 비닐 가방에 차곡차곡 담는다. 수많은 반찬통을 들고 오르내렸던 날들이 헛되지 않았는지 남편은 수액이 점점 차올라 새잎을 피울 날도 머지않았다. 땀 반, 눈물 반으로 국을 끓이며 간을 맞춘 시간이 있었기에 이렇게 우뚝 내 앞에 서 있는 것 같다.

 돌아오는 길, 이내 강이 한눈에 들어온다. 날씨가 추워서인지 사람들은 보이지 않고 윙~윙~ 바람소리만 들린다. 긴 겨울 뒤에는 반드시 봄은 온다. 봄이 온다는 것을 알기에 대지는 움을 틔우려 추운 겨울을 잘 견디고 있는 것이리라. 남편도 내 마음의 자양분과 반찬에 스며든 손맛이 어우러져 개구리처럼 힘차게 뛰어오를 것이다.

 찰랑거리는 강물 위로 내리는 햇살이 따사롭다.

내 안의 뜰

　일어나자마자 창문을 연다. 밤사이 별일은 없었는지 안부를 묻고, 계절마다 바뀌는 색색의 물결을 눈에 담고 싶어서이다.
　창 너머 우두커니 서 있는 나무를 보면 듬직하다 못해 바보스럽다. 비가 오면 맨몸으로 비를 맞고 바람이 불면 부는 대로 흔들린다. 채색된 잎이 아깝지도 않은지 불어오는 바람에게 한 움큼씩 잎을 내어준다. 매일 행인과 차량을 바라보는 것이 식상하지도 않은지 오늘도 그 자리에 말없이 붙박혀 서 있다. 사람들은 한곳에서 똑같은 모습만 바라보고 산다면 아마 지겹다고 노래를 불렀을 것이다.
　나는 탁 트인 공간이 좋다. 어린 시절, 넓은 텃밭으로 둘러싸인 집에서 생활한 영향이 커서이다. 시골에서 아침이 되었다고 알려주는 것은 벽에 걸린 괘종 소리가 아니라 창호지에 꽂히는 눈부신 햇살이었다. 방학이 되어 늦잠을 자고 싶어도 태양은 우릴 가만두지 않았다. 아버지는 해가 떠오르면 이불을 털고 일어나야 한다고 했다. 해가 떠오르면 일을 시작해야 하는 것이고, 더구나 해가 중천에 떠올랐는데도 방에서 뒹군다는 것은 딱 빌어먹기 좋다고 하셨다.

바다에 부서지는 햇살을 보려고 방문을 열면 수평선에서 떠오르기 시작한 해는 길게 파장을 일으켜 바다 한가운데를 일렁이게 했다. 아침마다 나를 감싸준 해는 내 유년의 뜰을 넉넉한 품으로 감싸주었다.

어머니는 평소 깔끔한 성격이었다고 한다. 알뜰하게 살림을 꾸려 내가 태어난 후, 기와집을 사서 가자는 아버지를 설득하여 넓은 대지에 집을 지었다. 바다가 훤히 보이는 아담한 집이었다. 담장은 큼직한 돌을 쌓아 올렸다. 초록색으로 칠한 함석지붕, 원목의 서까래, 부엌엔 시골에서 보기 드문 맞춤 그릇장을 들였다. 집을 중심으로 ㄷ자 형의 텃밭은 먹거리를 제공해 주는 곳이자 놀이터였다.

초등학교 시절, 나는 집을 꽃물결로 출렁이게 하고 싶었다. 아버지를 졸라 집 입구에 꽃밭을 만들어도 좋다는 허락을 받았다. 마침 학교에서 실시하는 '애향단조성사업'으로 꽃씨를 나누어 주었는데 씨앗을 얻어 우리 집에도 뿌렸다. 피마자와 해바라기, 나팔꽃, 분꽃, 봉숭아와 채송화를 심었다.

눈만 뜨면 제일 먼저 하는 일이 꽃씨를 뿌린 곳에 가는 것이었다. 물을 주고 매일 안부를 물어서인지 씨앗은 하나둘 싹을 틔워 꽃을 피웠다. 울타리를 타고 올라가는 나팔꽃을 보며 오빠와 난 손나팔을 만들어 힘차게 불곤 했다. 언니와는 손톱에 봉숭아 꽃물을 들였다. 해바라기는 키가 장대만 해 가까이서 쳐다보면 목이 아팠다. 그렇지만 마루에서 바라보면 내 키와 얼추 비슷해서 좋았다. 노란 원색의 꽃은 집을 환하게 밝혀 주었으며 촘촘하게 박힌 씨앗을 바라보면 잠시나마 꽉 여문 사람이 되고 싶다는 생각도 했다.

돌담에는 호박꽃이 피고 큼직한 호박도 낳았다. 꽃이 피면 꽃 주위로 벌들이 날아들었다. 나는 벌이 무서워 호박을 심는 것을 달가워하지 않았다. 그래도 비 오는 날 구워주는 호박전은 달착지근해 입에 착 감겼다.

나의 뜰은 여기서 멈추었다. 중학교 입학 후 십 리 길을 걸어서 새벽같이 학교에 가고 어두워서야 집에 왔다. 시험은 왜 그리 빨리 다가오는지 주위를 돌아볼 겨를이 없었다. 단어 시험을 비롯해 과목별 쪽지 시험이 기다리고 있었다. 선생님들은 걸핏하면 "도시 아이들은 밤낮 죽을 똥 살 똥 모르고 공부한다.

시골에서 너희들이 맨발 벗고 따라가도 못 따라가니 정신 바짝 차리고 공부해야 된다."며 우리를 조여 맸다.

  그땐 정말이지 도시 아이들은 잠도 자지 않고 공부만 하는 줄 알았다. 후에 생각해 보니 우리에게 공부를 열심히 하라고 그랬던 것 같다. 중학교를 졸업하고 도시로 나가 생활하면서 견디기 힘든 것이 좁은 자취방이었다. 일요일에 집에 가지 않을 때면 바다로 갔다. 백사장에 앉아 끝없는 바다를 바라보고 있으면 답답한 마음이 조금은 뚫리는 것 같았다. 버스를 타고 다닐 때도 바깥 풍경이 내다보이는 창가에 앉았다. 그래야 마음이 편해졌다.

  결혼 후엔 주택에서 살았다. 오래된 집이었지만 제법 큰 화단에는 목련과 모과, 동백나무가 있었다. 나는 어릴 적 기억을 되살려 꽃밭 가장자리에 봉숭아와 채송화를 심고, 빈 화분에는 분꽃을 심었다. 딸아이와 봉숭아 꽃으로 손톱에 물들이고 분꽃 씨앗을 터트려 얼굴에 하얀 분을 칠하기도 했다. 그때 내 유년의 뜰이 되살아나는 것 같았다. 그러나 집이 낡아서 다시 지을 때 꽃밭은 사라졌다.

  새집을 지으면서 주방에 신경을 썼다. 싱크대 위치를 설계도를 변경해 내가 원하는 곳으로 방향을 정했다. 유리창 너머로 사계절을 고스란히 볼 수 있게 함이었다. 봄에는 여리디여린 새

순을, 여름에는 싱싱한 푸르름을, 가을에는 곱게 물든 잎새를, 겨울에는 다 비우고 초연하게 서 있는 나무를 본다. 계절마다 다른 빛깔로 다가오는 가로수처럼, 살다 보면 우리 삶도 시시각각 변화가 찾아온다. 그 변화에 놀라지 않고 의연히 대처하려면 내 안의 뜰을 잘 가꾸어야 할 것이다.

공원에서 길을 찾다

호수에 들어서다

투명한 하늘이 호수에 잠겨 있다. 백로 한 마리가 먹이를 찾는지 물위를 빙 돌며 동심원을 그린다. 살풋 내려앉자 물은 파문을 일으킨다. 새는 물을 박차고 오르며 다시 한 번 비행이 시작된다. 이번에는 더 높이 날아올라 기회를 엿보더니 순식간에 호수에 꽂힌다. 먹이를 따라가는지 백로의 몸이 물수제비를 그린다. 그러기를 여러 번 결국 먹이를 낚아채 힘차게 솟아오른다.

공원에는 계절마다 다양한 꽃이 핀다. 봄에는 샛노란 유채꽃이, 여름에는 알알이 박힌 키 큰 해바라기, 가을에는 하늘거리는 코스모스가 공원을 찾는 사람들의 탄성을 자아내게 한다.

꽃들은 호수의 물빛과 사람들의 눈빛을 받으며 계절마다 옷을 갈아입는다.

연못에는 크고 작은 연꽃이 핀다. 쫙 펼쳐진 연잎 위로 꽃봉오리가 무슨 말을 하려는 듯 오물거린다. 불교에서 속세의 더러움에 물들지 않는 청정함의 상징으로 극락세계를 연꽃에 비유하였다. 선비들은 군자상이라 하여 가까이하였으며 민간에서는 연에 종자가 많은 것을 보고 여성의 옷에 연꽃 무늬를 새겨 자손이 많기를 기원하였다. 공원에 들어오는 사람들이 세속에 찌든 일상을 털어버리고, 잠시나마 맑고 푸른 마음으로 거듭나라는 뜻으로 연밭을 펼쳐 놓았나 보다.

연꽃 연못 가장자리에는 물레방아가 쉬지 않고 돌아간다. 덜커덕덜커덕 소리를 들으니 이효석의 〈메밀꽃 필 무렵〉에 나오는 허생원과 성서방네 처녀가 떠오른다. 두 사람은 물레방앗간에서 만나 하룻밤 기이한 인연으로 이어진다. 허생원은 평생 그 일을 가슴에 묻고 당나귀와 함께 장돌뱅이로 살아간다. 어느 날 아들임을 짐작게 하는 동이를 만나게 되는데….

운명은 어느 한순간 일로 예기치 못한 방향으로 흘러가나 보다. 그것이 좋은 방향이든 그렇지 않든 운명을 거스를 수 있는 사람은 많지 않다. 일상의 반복된 삶이 지겹다고 느껴질 때 묵묵히 돌아가는 물레방아를 보며 늘 가까이 있어 소중히 여기지 않았던 인연도 되새겨 볼 일이다.

　소설 속으로 빠져들다 수런거리는 소리에 주위를 둘러본다. 물레방아 옆 원두막에 사람들이 삼삼오오 짝을 지어 이야기꽃을 피운다. 짚으로 엮은 원두막은 보기만 해도 옛 정취가 물씬 풍긴다. 연밭을 바라보는 그들의 표정이 여유롭다. 활짝 핀 연꽃 분수에서 힘차게 뿜어내는 물이 인당수에 빠졌던 심청이가 연꽃봉오리를 열고 나오려는 듯 높이 솟아오른다.

　데크에 들어서자 물에 뿌리를 내리고 있는 나무가 아치형으로 그늘을 만들어 준다. 착 감기는 바람에 몸을 맡기고 오래도록 그 자리에 서 있다. 선암호수공원은 자연을 품었다. 구름은 물위에 방석을 깔고 나지막한 산은 물속에 집을 지었다. 새들이 날개를 파닥이며 호수에 내려앉는다.

추억의 페이지를 넘기며

　지나온 발자취를 물속에 숨기고 있는 선암호수는 넉넉한 품으로 사람들을 맞는다. 잔잔한 물결이 이는 호수에는 무수한 생명체가 숨 쉰다. 머문 듯 흘러가는 하늘이 호수에 담기면서 또 다른 세계를 연출한다. 바람이 갈대를 훑고 지나가자 햇살에 물비늘이 일렁인다.

선암동은 옛날 신선암에서 선인들이 놀았다는 바위 이름에서 유래되었다. 이곳은 일제 강점기 때부터 선암제라는 못이 있었다. 그 후 울산이 공업단지로 지정됨에 따라 공업용수 담수를 위해 이를 확장하면서 선암댐 또는 선암저수지로 불리게 되었다.

호수 가장자리를 중심으로 물위에 길이 나 있다. 그 위에 올라 천천히 걸어본다. 난간과 바닥이 모두 나무라 피부에 전해지는 느낌이 상쾌하다. 늘어선 나무는 물속에 발을 담그고 있다. 사시사철 물속에 뿌리를 내리고 사는 일은 어지간한 인내력으로 버티기가 힘들 것이다. 그래서일까, 더러는 물 밖으로 뿌리를 드러낸 나무와 비스듬히 누운 나무도 있다. 어우러진 나무를 보니 우리 이웃의 모습을 보는 듯하다.

어둠이 사방에 퍼져 있던 시간, 그날따라 일찍 잠에서 깨어났다. 한겨울의 추운 바람이 어깨를 움츠리게 했지만, 쓱싹쓱싹 비질 소리에 창문을 열었다. 환경미화원이 야광 띠가 박음질된 옷을 입고 차도의 가장자리를 쓸고 있었다. 모두가 잠든 시간, 어둠을 낮 삼아 일하는 발걸음 앞에 마음이 숙연해졌다.

산책길을 따라가다 보면 문화관광체육부가 선정한 "여기는 사진 찍기 좋은 녹색 명소입니다"라는 팻말이 나온다. 빨강 하트 모양 위로 엄마 고래와 새끼 고래가 어디든 헤엄쳐갈 기세다. 사랑의 하트 안에 두 사람이 나란히 서면 탁 트인 호수와 신선산이 멋진 배경이 된다. 지나가는 사람에게 사진 한 컷을 부탁하고 그곳에 서 본다. 사진은 예나 지금이나 추억의 한 페이지를 장식하나 보다. 오래전 기억이 호수 위로 떠오른다.

중학교 때였다. 수학여행은 남해로 정해졌다. 한산섬을 거쳐 해저터널이 있는 통영을 지나 마지막 여정인 부산에 도착했다. 용두산 공원은 하늘로 승천하는 용의 조각상과 그 앞에 꽃시계가 있었다. 색색의 앙증맞은 꽃으로 장식된 꽃시계 앞에는 비둘기 떼가 먹이를 쪼기도 하고 날아오르기도 했다. 관광객들이 던져주는 과자를 콕콕 낚아채는 모습이 신기하여 넋을 잃고 바라보았다. 사진사들은 이때를 놓치지 않았다. 평생에 한 번뿐인 수학여행에서는 사진을 남겨야 후회가 없다며 우리에게 사진 찍기를 권했다. 망설이다 가진 돈을 탈탈 털어 사진을 찍었다.

달콤한 아이스크림을 포기하고 찍은 사진은 한참이 지난 후 집으로 배달되었다. 한껏 무게 잡은 사진을 앨범에서 볼 때면 실실 웃음이 나온다. 지금은 카메라가 보편화되어 누구나 손쉽게 사진을 찍지만, 그때는 카메라를 들고 수학여행 가는 친구는 드물었다. 공원에서 기념될 만한 사진을 담아 세월이 지난 후 앨범을 뒤적이며 도란도란 이야기꽃을 피웠으면 한다. 녹색 명소가 입소문을 타 사진을 찍으려고 길게 늘어선 모습을 상상하며 발길을 옮겼다.

은빛 햇살이 부서지는 길을 따라 걷는다. 아까시나무 꽃내음이 코끝을 간지럽힌다. 산새들도 신이 났는지 목청을 높여 친구를 불러 모은다. 호수 가장자리에는 꽃창포가 무리 지어 피었다. 가녀린 꽃잎이 나비처럼 하늘거린다. 그 주위로 물이끼가 띠를 만들고 오리 몇 마리도 동동 떠다닌다. 뒤뚱거리는 오리를 보니 유년 시절, 오리를 키우던 일이 생각난다.

오빠는 텃밭 가장자리에 그물로 오리를 키울 수 있는 공간을 만들고 아침마다 오리를 몰고 가서 강가에 풀어놓곤 했다. 나는 시간이 날 때면 강가에 앉아 오리들이 노는 모습을 오래도록 바라보았다. 줄을 지어 나란히 다니다가 자맥질을 하고 물위를 유유히 다니던 그들의 일가―家. 심심해서 작은 돌을 오리가 노니는 근처에 던지면 꽥꽥거리며 도망가는 모습이 우스꽝스러웠다. 낮동안 강에서 놀던 오리를 저녁이면 긴 막대로 몰아 집으로 데려오곤 했다. 내가 앞장서고 오빠는 뒤에서 오리를 몰았다. 한참을 가다 뒤돌아보면 뒤뚱뒤뚱 잘도 따라왔다.

선암호수 몇 평을 빌려준다면 유년의 기억을 되살려 오리를 키우고 싶다. 해가 뜨면 유유자적 오리를 풀어놓고 호수 이곳저곳을 거닐다가 해가 지면 오리를 몰고 가는 풍경을 그려본다.

호수 반대쪽에는 곧게 뻗은 측백나무가 자란다. 울타리를 연상시키는 이 나무는 시골 초등학교에도 많았다. 갓 입학해서는 우리 키만 한 나무였는데, 졸업한 지 30년이 지나 찾아갔을 때 내 키의 몇 배나 자라 있었다. 폐교된 초등학교는 연수원으로 탈바꿈되었다. 추억 속의 모습 그대로 있었으면 좋으련만…. 학교 터가 있다는 것만으로 위안 삼아야 했다. 측백나무를 호수공원에서 만나니 유년의 풍성한 뜰을 거니는 듯했다.

  산책로를 따라 걷다 보면 물 가장자리에 나무가 보인다. 비스듬히 누워서 무슨 생각에 잠기고 있나. 물속에 잠길 듯 기울어질 것 같으면서도 용케 버티고 있다. 어찌 보면 와불상을 닮았다. 그 옆에 거북이 등껍질 나무도 있다. 나무 아래에는 깊은 구멍이 나 있어 오랜 세월 풍상을 겪은 흔적이 보인다. 추위와 더위에도 묵묵히 견디는 것이 가장의 삶과 무관하지 않다.

  "어! 창문이 왜 거꾸로 달려 있지?" 누군가의 말에 지나가던 사람들이 '거꾸로 전망대'로 모여들었다. 거꾸로 전망대는 호수가 내려다보이는 곳에 의자도 있어 쉬어가기 딱 좋은 곳이다. 창문을 거꾸로 달아 놓은 까닭은 무엇일까. 내 입장에서가 아닌 상대방 입장에서 생각해 보라는 무언의 철학이 담겨 있는 것 같다.

  우리는 살아가면서 다른 사람의 입장을 얼마만큼 이해할까. 내가 아픔을 경험하지 않으면 타인의 아픔에 공감하기란 쉽지 않다. 배려하지 않고 쉽게 내뱉은 말이 상대방에게는 가시가 되어 가슴에 깊숙이 박히는 것이다. 부모와 자식, 형제간도 이해타산으로 왕래를 끊었다가 세상을 하직하기 전에 극적으로 마음을 푸는 경우를 보면 안타깝기 그지없다. 서로 조금씩 양보하여 정이 흐르는 사회가 되도록 물구나무선 마음으로 생각해 볼 일이다.

공원을 돌아 나오다

호수를 거의 한 바퀴 돌아 나오자 해바라기 시계가 보인다. 야음시장 근처에서 올라오면 공원 시작점이다. 데크에서 쉬어야겠다는 생각을 접게 만든 것은 해바라기꽃이었다. 활짝 핀 해바라기는 물결처럼 출렁였다. '해바라기'는 예전에 소피아 로렌이 나오는 영화 제목이기도 하다.

제2차 세계대전 중 사랑하는 사람과 함께 보내기 위해 그들은 서둘러 결혼한다. 하지만 달콤한 며칠의 시간이 지나 남편은 전쟁터로 가게 된다. 전쟁이 끝나도 이탈리아로 돌아오지 않자 그녀는 남편을 찾아 소련으로 떠난다. 열차를 타고 끝없이 펼쳐진 해바라기 꽃밭을 바라보던 눈이 큰 그녀 모습이 자꾸만 겹쳐진다.

꽃밭은 데크를 돌아 나와도 펼쳐진다. 이번에는 해바라기와 코스모스가 줄을 맞춘 듯 나란히 심겨져 또 다른 볼거리를 제공한다. 벌써 가을이 우리 앞에 성큼 다가왔다.

테마 쉼터를 내려오니 해가 뉘엿뉘엿 진다. 해바라기 시계는 석양에 가려 시간이 잘 보이지 않는다. 힘차게 뿜어내던 분수도 휴식을 취하고 꽃도 잎을 오므렸다. 노래하던 새들도 둥지를 찾아들 시간이다. 붉게 물든 호수에 작은 배 한 척만이 조는 듯 가물거린다.

선암호수공원은 언제든 우리를 반긴다. 꽃이 피고 비가 오고 바람이 불어도 두 팔 벌려 반긴다. 바쁘게 돌아가는 일상에서 마음의 여유를 찾아보자. 사색을 즐길 곳이 도심 가까이에 있다. 공원을 거닐다 숲속 도서관에서 책도 읽고 마음을 기댈 곳 없으면 혼자만의 공간에서 두 손을 모아보자. 매듭처럼 얽혀 있던 일들이 술술 풀릴 것이다.

활짝 핀 꽃을 보며 웃어 보자. 힘차게 날아오르는 새들을 보며 꿈을 훨훨 펼쳐보자. 공단의 야경은 더욱 빛을 발할 것이며 호수는 변함없이 산 그림자를 품을 것이다. 넉넉한 가슴으로 우리를 반기는 공원은 삶의 안식처다.

| 작품해설 |

일상 속에서 빛을 찾다

배혜숙(수필가)

　수필 전성시대를 살고 있다. 수필의 양적 팽창은 놀랄 만한 수준이다. 다양한 글들이 쏟아져 나오고 있지만 문학성의 가치 진단으로 설왕설래가 한창이다. 수필 문단이 질적 향상을 도모하고 있으나 소셜미디어에 익숙한 현대인들에게 외면을 받고 있어 우려스럽다. 미래세계에 대한 온갖 상상력이 새로운 패러다임을 만들어가고 메타버스가 일상 속에 들어와 버린 지금, 왜 수필이냐고 묻는 사람도 많다.
　세계의 질서가 바뀌고 인공지능이 사람을 대신해도 변치 않는 것이 있다. 그것은 '가장 빛나고 가치 있는 일은 일상 속에 있다.'는 것이다. 일상 속에서 우연한 깨달음을 얻고 그 깨달음을 바탕으로 잘 발효된 글 한 편을 건져 올리는 것이야말로 수필 쓰기의 나아갈 방향이다.

　조선의 문장가이자 독서광이었던 이덕무는 그의 소품문 〈선굴당 농소〉에서 거미가 실을 뽑아 거미줄을 엮는 신묘한 모습이 부처와 서로 통하고 있음을 알게 된다. 실을 뽑고 실을 당기며 다리를 움직이는 방법이 "마치 사람이 보리를 심을 때의 발놀림이나 거문고를 퉁길 때의 손놀림과 같다."라고 표현했다. 평범한 여름날, 미물에 지나지 않는 거미와의 만남으로 뜻밖의 깨달음에 이른 것이다.

　박미자 수필가는 일상 속의 것들을 발효시켜 자신만의 방식으로 글을 써 왔다. 그리고 오랜 망설임 끝에 첫 수필집을 세상에 선보인다. 급변하는 디지털 시대에 아날로그 방식으로 독자들에게 부응할 수 있을지 고심했기 때문이다. 체험은 농축되고 자신에 대한 성찰이 충분히 녹아들었다. 일인 다역을 소화하며 치열하게 살아가는 과정도 고스란히 담겼다. 그녀는 상처받은 내적 자아를 치유하기 위해 수필을 쓴다. 겉모습은 늘 밝고 씩씩하다. 자신을 감추기 위해서다. 안타까운 것은 아픔을 드러내지 못해 꾹꾹 눌러 두는 바람에 글이 마음껏 날아오르지 못하고 가라앉아 버리기 일쑤다.

　일찍 어머니를 여읜 작가는 그 빈자리를 메워주는 큰언니를 통해 치유의 힘을 키운다. 언니는 박미자의 든든한 버팀목인 동시에 보호막이었지만 동생을 위해 희생한 아픈 존재이도 하다. 〈소라게〉는 엄마의 부재로 받은 어릴 적 상처를 치유해 주는 글이다.

> 우리는 딱딱한 등딱지와 강력한 집게발을 가지지 못해 새들의 먹잇감이 되기 쉬웠던 어린 소라게였다. 그것을 피해 언니라는 소라껍데기 속에 오글오글 모여들었다. 우린 단단한 껍질을 방패삼아 기죽지 않고 세상을 향해 뚜벅뚜벅 발을 내디딜 수 있었다. 쓸모없다고 생각되던 빈 소라껍데기가 약한 게에겐 최고의 보호막이 되듯, 엄마가 안 계신 우리에겐 넉넉한 품을 지닌 언니가 든든한 바람막이였다.

이 세상 어머니들은 단단한 등딱지 같은 방패이고 강력한 집게발 같은 존재다. 작가에겐 그 방패가 어머니가 아닌 언니였다. 언니라는 소라껍데기 속에 동생들이 오글오글 모여들어 안온할 수 있었고 기죽지 않고 세상을 향해 뚜벅뚜벅 발을 내디딜 수 있었다. 엄마의 부재를 강력하게 지워 내는 마음이 읽혀 가슴이 시리다. 글쓴이는 당당한데 읽는 사람이 서러운 것은 어머니의 존재가 산처럼 높고 크기 때문일 것이다.

해풍을 오래 견뎌온 껍데기가 바스러지듯, 언니는 몸이 성한 곳이 없다. 붉은 노을이 서서히 사라지듯, 지금 그런 시간 위에 서 있다. 이젠 내가 언니를 보호할 때다. 소라게에게 알맞은 소라껍데기를 찾아 안온한 꿈을 꿀 수 있도록 선사하고 싶다.

그렇게 단단하던 언니는 여느 어머니들처럼 나이가 들면서 병까지 찾아왔다. 가벼워지고 헐거워져 가여운 존재가 되어버렸다. 왜? 해풍을 오래 견뎌왔기 때문이다. 소금기 물씬 풍기는 강한 해풍을 묵묵히 견뎌온 언니의 고통에는 막냇동생인 박미자가 차지하는 비중이 크다. 붉은 노을이 서서히 사라지듯 소라껍데기도 바스라지고 있다. 이제 언니를 보호해 줄 새로운 소라껍데기가 필요한 때다. 그것을 선사하고 싶은 작가의 마음이 〈소라게〉로 세상에 나와 빛을 본 것이다. 엄마의 부재에 대한 상처는 이렇게 언니를 위한 소라껍데기를 선물함으로써 치유를 한다. 이 글의 결미를 읽고 같이 안도하게 된다.

작가는 켜켜이 쌓인 상처를 보듬는 글쓰기를 한다. 묵은 상처 위에 돋아난 나무이기 때문이다. 가족들에겐 넓은 그늘을 선사하는 아름드리 느티나무이고 주위 사람들에게 정원의 사과나무 같은 존재다. 그리하여 읽고 쓰는 작업을 멈추지 않는다. 대지에 단단히 뿌리를 내린 탓에 무아무심으로 글을 써 내릴 수 있다. 순정한 마음으로 쓴 수필은 미사여구 같은 것 없이 담백하고 진실하다.

박미자는 시조시인이기도 하다. 시인들이 그러하듯 감각적이고 상상력이 풍부하다. 하지만 수필에서는 그런 상상력을 동원하지도 않고 감각적인 시적 언어를 차용하지도 않는다. 묵묵히 진심을 전한다. 그 진심은 아버지를 통해 발현된다. 아버지는 어부였다. 〈어부가〉의 아버지는 야누스의 얼굴을 한 바다를 터전으로 힘겹게 생활을 영위한다.

벼슬을 버리고 한가하게 강호에 묻혀 사는 선비의 모습을 빗대어 노래한 농암 이현보의 〈어부가〉와는 완전 딴판이다. 어부가 하면 "이어라 이어라" "지국총 지국총 어사와" 같은 흥을 돋우기 위한 조흥구를 넣어 감각적인 선율의 〈어부가〉를 늘 상상했다. 그러나 아버지의 바다는 한평생 삶의 터전을 마련해 줌과 동시에 시련의 무대였다. 농암의 〈어부가〉에서 보여주는 여유로운 풍경은 없다. 그런데 고단한 아버지의 모습이 살아감에 있어 힘이 되었다고 한다. 〈어부가〉는 아버지께 바치는 한 잔의 술이고 향기나는 꽃다발이다.

이제 아버지는 검푸른 바다를 뒤로하고 먼 여행을 떠났다.

그렇지만 '어야디야 어야디야' 노래는 삶의 고비마다 나를 일으켜 세우는 북소리가 되었다.

고깃배가 선착장에 도착하자 어부들이 일렬로 늘어서 잡아온 생선을 옮기는 작업을 지켜본다. "어야디야 어야디야, 어야디야 어야디야~." 입을 맞추어 노래를 부르면서 그물을 탁탁 털면, 그물에 걸렸던 멸치가 공중제비를 했다. 그러나 시간이 지날수록 노랫소리는 갈라지고 쉿소리로 변했다. 멸치의 비늘은 햇빛을 받아 반짝였지만 그걸 바라보는 작가의 마음은 반대로 점점 무거워진다. 그리고 서글픔이 밀물처럼 밀려온다. 하지만 〈어부가〉에서 끝까지 나무의 속성을 버리지 않는다. 줄기도 뻗고 넓은 그늘도 만들고 열매도 실하게 키워낸다. 그래서 삶의 고비마다 〈어부가〉는 작가를 일으켜 세우는 응원의 북소리였다. 그리하여 나무처럼 다시 우뚝 대지를 밟고 선다.

아버지에 대한 이야기는 〈대바늘뜨기〉에서 심화된다. 다섯 남매를 두었지만 어머니가 없는 가정의 아버지 모습은 대충 짐작이 간다. 자식들의 건사는 당연히 아버지의 몫이다. 집안일을 하는 것이야 익숙한 풍경이지만 대바늘뜨기를 하는 아버지는 낯설다. 대바늘을 직접 만들어 못 쓰게 된 털실들을 모아 자신이 입을 속바지를 뜨는 등이 구부정한 남자의 모습을 그려내기란 쉽지 않다. 코가 시큰하고 눈이 알싸하다. 없는 살림에 내복은 자식들에게만 입히고 정작 차가운 바다에서 일하는 아버지는 내복 대신 손수 뜨개질한 속바지를 입고 거친 파도와 싸워야 했다.

칼바람이 이는 밤이면 아버지는 대바늘뜨기를 하셨다. 구부정한 어깨너머로 한 코 두 코 주워 올리는 색색의 실들이 알전구에 빛났다. 까무룩 자고 일어나 눈을 비비고 보면 여전히 코를 줍고 계셨다.

뜨개질 하다 코를 놓치면 기껏 한 뜨개를 다시 풀었다. 그럴 때면 나는 풀어 놓은 실을 실꾸리에 감았다. 아버지는 옆에서 재잘거리는 내 모습을 지그시 바라보다 구멍난 마음을 메우듯 뜨개질을 했다.

작가에게 아버지는 누구도 대신할 수 없는 그리움의 대상이다. 상처 나고 굽은 아버지의 손가락을 보며 자랐기에 밤이 길어질수록 대바늘뜨기 하던 아버지의 모습이 환영처럼 떠오른다. 그리움이 짙어져 글을 쓴다.

봄비 지나고 햇볕이 온 대지에 내려앉는다. 그즈음 숲속이나 들판의 나무들, 거리의 가로수까지 수런수런하다. 생명이 움트는 소리다. 수선스럽지 않다. 봄을 맞아 새롭게 돋아나는 연초록의 싹은 주변을 밝히는 등불이 된다.

〈움트다〉를 읽으면 그녀에게 경의를 표하지 않을 수 없다. 긴 시간 변함없이, 한결같이, 아무런 내색도 없이 남편을 지극정성 보살펴왔다. 15년 가까이 병상에 있는 남편은 점점 잊힌 존재가 되고 더불어 그녀의 고통도 희석되어 버린 지 오래다. 한 번쯤 죽어라 통곡도 해 보고 '못살겠다.' 소리소리 질러보고 옆 사람에게 하소연도 할 법 한데 감쪽같이 숨기고 누르고 살아가고 있다. 겨우 〈움트다〉로 슬쩍 드러낸다. '힘들어요, 너무 아파요.'가 아니라 긴 겨울 뒤에는 반드시 봄이 온다는 희망을 이야기 한다.

자신을 달래고 위안을 얻는 수단은 병원으로 오가는 길 위에서 듣는 음악이다. 병원으로 가는 길은 멀다. 장거리 운전을 하며 음악을 듣고 스스로를 다독인다. 읽는 사람을 긴장시킨다. 명치끝이 쓰리다. 글 속에서도 엄살을 부리지 않아 괜히 괘씸죄를 걸고 싶다.

남편은 속은 깊어도 다정다감한 맛은 없다. 오랜 병상 생활로 평소보다 더 말이 없어졌다. 처음에는 갑작스레 닥친 자신의 상황을 받아들이지 못해 거의 먹지 못했었다. 이제는 몸이 많이 좋아져 반찬투정까지 하니 고맙기만 하다. 꼭 일어선다는 각오로 재활에 전념하고 있는 사람이기에 나는 서운한 마음을 접는다. 빈 반찬통을 비닐가방에 차곡차곡 담는다. 수많은 반찬통을 들고 오르내렸던 날들이 헛되지 않았는지 남편은 수액이 점점 차올라 새잎을 피울 날도 머지않았다. 땀 반, 눈물 반으로 국을 끓이며 간을 맞춘 시간이 있었기에 이렇게 우뚝 내 앞에 서 있는 것 같다.

묵은 가지에도 새 순은 트기 마련이다. 겨울이 가면 움트는 봄은 저절로 찾아온다. 작가에게 봄은 그렇게 찾아올 것이다.

박미자는 실질적인 가장이다. 남편이 병상에 있는 동안 남매를 이 사회에 꼭 필요한 인재로 키워냈다. 그리고 생활 전선에서 쉬지 않고 일을 한다. 무엇보다 놀라운 것은 이곳저곳 자신의 능력을 필요로 하는 곳이면 언제나 달려가 힘을 보태고 봉사를 한다. 그런 작가는 〈가면〉에서 말한다. 마음을 다치지 않고 만만하게 보이지 않기 위해 얼굴에 가면을 쓴다고. 그렇지만 얼굴을 감추고 사는 일이 고되다고 고백한다. 알고 보면 우리 모두가 가면을 쓰고 있다. 한 꺼풀 가면을 벗고 보면 결국 너도나도 두려움에 떠는 별수 없이 나약한 존재다. 그 나약함을 부정하지 않으려고 글을 쓴다.

〈가면〉은 은근히 리듬감이 느껴진다. "퉁"하고 가야금 줄을 퉁기는 소리도 들린다. 그러나 아쉽다. 세대를 관통하는 유머와 위트가 살짝 빠져버렸다. 너무 정직한 탓이다. 이제 예민한 감성과 함께 상상력의 힘을 보태어 특별한 글이 쏟아지기를 기대한다.

수필에서 상상력만으론 위험하다. 은유나 사유의 힘보다 더 좋은 것은 진실의 힘이다. 내 감정을 다스려 지나온 길을 돌아보며 정리하는 시간은 필요하다. 상처와 아픔을 치유하기 위한 작품을 이렇다 저렇다 평하는 것은 무의미하다. 개인의 역사성을 완성시켜 나가는 작업이므로 그 자체로 특별하다.

박미자 수필가는 단 1분도 허투루 살지 않은 사람이다. 그녀가 담담하게 풀어놓은 이야기를 있는 그대로 읽어주는 것도 위로의 방법이다. 가족뿐 아니라 주위 사람들에게 자신의 작품처럼 '밑불'이 되어 왔다. 시댁의 마당에 선 듬직한 감나무처럼 주변 사람들에게 버팀목으로 살고 있다. 알심이 박힌 야무진 생활인이다.

박미자 수필집

한남새

인쇄 2022년 12월 20일
발행 2022년 12월 25일

지은이 박미자
발행인 서정환
펴낸곳 수필과비평사
주소 서울시 종로구 삼일대로 32길 36(익선동 30-6 운현신화타워) 305호
전화 (02) 3675-3885 (063) 275-4000 · 0484
팩스 (063) 274-3131
이메일 essay321@hanmail.net
출판등록 제300-2013-133호
인쇄·제본 신아출판사

저작권자 ⓒ 2022, 박미자
이 책의 저작권은 저자에게 있습니다. 서면에 의한 저자의 허락없이 내용의 일부를 인용하거나 발췌하는 것을 금합니다.
COPYRIGHT ⓒ 2022, by Park Mija
All right reserved including the rights of reproduction in whole or in part in any form.
저자와 협의, 인지는 생략합니다.
잘못된 책은 바꿔 드립니다.

ISBN 979-11-5933-454-2 (03810)
값 13,000 원

이 도서의 국립중앙도서관 출판예정도서목록(CIP)은 서지정보유통지원시스템 홈페이지 (http://seoji.nl.go.kr)와 국가자료공동목록시스템(http://www.nl.go.kr/kolisnet)에서 이용하실 수 있습니다.(CIP제어번호: CIP2017003451)

Printed in KOREA

* 이 책은 2022년 울산문화재단의 문화예술인 창작장려금 지원 사업의 일환으로 발간되었습니다.